ト…

み～ てくる!!

モテすぎちゃう本

キャメレオン竹田

日本文芸社

はじめに

こんにちは、キャメレオン竹田です。

はじめに、みなさんにお伝えしておきたいことがあります。

じつは……、この本を読んだり、眺めたりしているだけで、恋愛運がグングン上がってしまうんです。

ですので、恋愛運を上げたくない方は、ご注意ください。

ここで一曲、歌わせていただきます。

♪♪♪♪♪♪♪

「モテすぎちゃって困る」

作詞・作曲　キャメレオン竹田

わたしはどこに行っても　すごくモテちゃうのよ
みんなわたしのことが　なぜか好きになるの

ああ　一度会ったら忘れられないと
みんなの脳裏《のうり》に焼きつくの

I'm so cute
みんなわたしのことが好き
I'm so cute
自分で言うのもなんだけど
わたしは魅力的

みんなは密《ひそ》かにわたしと　結婚したがっている
人もお金もなんでも　わたしのところに来る

ああ　わたしと出会うと　すべての存在は
幸せになってしまうの

I'm so cute
みんなわたしのことが好き
I'm so cute
自分で言うのもなんだけど
わたしは魅力的

みんなは密かにわたしに　なりたがっている
最高に素敵と　いつも言われる

I'm so cute
わたしはいちいちモテモテ
困ってしまうわ

わたしの悩みはただひとつ
モテすぎちゃうこと

♪♪♪♪♪♪♪♪♪

ということで、本書では、モテすぎちゃって困る方法をご紹介していきます。恋愛運を目的としているつもりでも、**いつの間にか、あらゆる運が上昇していってしまう**という、すごい内容となっております。意中のお相手だけでなく、さまざまな人、モノ、コトにモテちゃいます。

覚悟しておいてください。

モテ運を上げることは、とっても簡単ですので、ぜひ今日から始めてみてください。
あなたのすべての運が劇的に変わっていくはずですからね！

キャメレオン竹田

CONTENTS

第2章　モテすぎちゃう8つのワーク　057

第3章 モテすぎて困っちゃう♡ 愛のエネルギーアート33

第1章

モテすぎちゃう8つの法則

CHAPTER 1

No.1

自分との関係＝すべての関係

モテモテになるための、超基本のポイントとして、もっとも大事なことは、**自分との関係**なんです。

自分との関係は、すべての関係の核の部分になっているからです。それが波紋《はもん》のように広がっていくだけなんですね。

人も、お金も、仕事も、モノも、場所も、そして恋愛も。

あなたは、今、自分で自分のことをどのように扱っていますか？

自分のことを卑下《ひげ》していて、ないがしろにしていませんか？

それとも、自分のことを尊敬し、大切にしていますか？

これで、すべての関係が決まってきます。

あなたが、自分のことをどう思い、どう扱っているかを、人、お金、仕事、モノ、場所、そして恋愛を通して体感していくんですね。

ということはですよ？

周りをどうこうするのではなく、まずは、**自分との関係を整えること**がポイントになってくるんですね。

では、どのように整えていくかと言いますと……。

簡潔《かんけつ》に言うと、人にしてもらいたいことを、自分にしてあげればいいだけです。

愛されたいのであれば、まずは自分を愛すること。
大切にされたいのであれば、まずは自分を大切にすること。
尊敬されたいのであれば、まずは自分を尊敬すること。
誰かと仲よくなりたいのであれば、まずは自分と仲よくなること。

というわけで、ここで書き出してみましょう！

あなたは、周りから、どのように思われ、どのように扱われたいですか？

これらは、周りに求めるのではなく、あなた自身が、あなたにしてあげてくださいね！

心を込めて。

だって、誰かが、あなたにしてくれたとしても、そこに、心がこもっていなかったら、

イヤですよね!?

あなたと常に一緒にいるのは、あなたしかいません。
あなたを動かすことができるのも、あなたしかいません。
切っても切れない関係が、あなたです。
つまり、あなたの完全なる味方は、あなたしかいないのです。

あなたの魂は、あなたの中に入っています。入っているからこそ、あなたを操縦《そうじゅう》できるんですね。いつも一緒に、あなたを動かしたり、心を解放させたりすることができるのは、あなたしかいません。

今回の人生で、せっかく、あなたに入ったのですから、あなたとの関係を最高のものにしていきましょう。それがすべてに反映されるわけですから、本当に大切なことなのです。

心の中で、いつも自分に対してダメ出しして、自分で自分をいじめているのが癖《くせ》になっている人がいます。

自分との関係がすべての関係に反映されるので、これを続けていくと、〝誰か〟や〝何か〟を通して、あなたは、罪悪感や劣等感を刺激されて、自分がいかにダメなのかを体感することになります。

とくに恋愛では、これが如実《にょじつ》に表れます。

そして、自分で自分を責めてしまうというループに入っていくんですね。過去のイヤなできごとをくり返し思い出しては、そこに自分を縛《しば》りつけ、自分で自分を牢獄《ろうごく》の中に閉じ込める……。

でも、できごとは、あなたの前をただ通り過ぎていくだけなのに……。

これをくり返していると、あなたは、自分の心の自由と心の時間を、自分で奪っていることになるんですね。

すると、誰かを通して、あなたは、自由が制限されるような経験をしていくのです。

ね!?　イヤですよね!?

ここから脱出するには、自分との関係を素敵にしていけばいいだけなのです。

もっと、自由で楽しい関係にしていけばいいのです。

癖は、なかなかすぐには修正できないものですが、自分のことを卑下していることに気づくだけでも大進化です！　発見した自分を褒《ほ》めてあげましょう。そして、毎回、しつこく、**自分で自分を大切に扱ってあげるように修正していく**のです。これは、まるで、自分に対する子育てみたいなものです。

自分をいじめたり、自分と喧嘩《けんか》することを少なくして、自分を大切に、自分を褒めて、のびのびと育ててあげてください。だって、あなたは、ただ、そのままのあなたでいるだけで、すさまじく、ものすごく価値のある人間なのだから。

どんな失敗をしても、どんな境遇にあったとしても、あなたの素晴らしい価値が低下することはいっさいありません。一生安定した、いちいち素晴らしい存在なのです。

そしてもれなく、あなたは、すごく自由な存在なのです。

さあ、自分との人間関係を素敵なものに育てていきましょう。
えっ？　今まで、全然育ててこなかったって!?
いつからでも、大丈夫ですよ！

今日も自分を認めて、愛して、抱きしめてあげてください。
そして、最高の恋愛をしたいならば、まずは、あなたは、あなたと最高の恋愛をすればいいのです。

自分との関係がうまくいくと、すべての関係がスムーズになってくるので、わかりやすいですよ。

これを理解したら、次へ進んでください。

No.2

相手に幸せにしてもらうのではなく、相手の幸せが自分の幸せ

モテモテになるために、幸せはどこから来るのかを知っておく必要があります。

「〇〇がこうなれば……」
「〇〇さんがああなれば……」
「もっとお金があれば……」
「恋人ができれば……」
「結婚すれば……」
「子どもを授《さず》かれば……」

など、自分以外の〝誰か〟や〝何か〟が幸せにしてくれると思っていたとしたら、それは錯覚《さっかく》です。

幸せは、誰かや何かが運んできてくれるものではありません。
外に求めても、どこにもありません。
なぜなら、**幸せは、単なる、あなたの解釈《かいしゃく》の仕方にすぎない**からです。

ものすごくお金持ちでも、いい会社に就職できても、超イケメンの彼氏がいても、すごく美しい彼女がいても、〝不幸の解釈〟をする人は不幸です。
お金が無くて生活がギリギリでも、試験に不合格でも、パートナーにいちいちイライラしていても、彼氏や彼女がいなくても、〝幸せな解釈〟をしている人は幸せです。

解釈を変えなければ、
今が、不幸な人は、未来も不幸なんです。
今が、幸せな人は、未来も幸せなんです。

というわけで、幸せは、周りからいただくものではなく、あなたの解釈の問題ということなんですね。

（例）

●仕事をしようとカフェに行ったら、PCを家に忘れたことに気づいた

不幸解釈 ↓ 最悪だ！　時間を無駄にしてしまった！

幸せ解釈 ↓ 宇宙の時間調整が入ったな！　映画でも観《み》に行こう！

●パートナーの態度にイライラしそうな予感

不幸解釈 ↓ なんで私の気持ちをわかってくれないの⁉　なんで私の思うような言動をしてくれないの⁉　鬱々《うつうつ》しちゃう！

幸せ解釈 ↓ とにもかくにも、私の人生の主人公は私。私は自分が心地いいと感じることを選択していこう！

●SNSで友人が楽しそうな写真をアップしていたのを目撃

不幸解釈 ↓ 自意識過剰なやつだな、イヤな気分になる（などと悪口を言う）

幸せ解釈 ↓ 楽しそうでなによりだな〜。

●恋人がなかなかできない

不幸解釈 → 私には魅力がない。人生もうダメだ……。

幸せ解釈 → 自分の時間や自分磨きを楽しもう！

こんな感じで、幸せな解釈をしていく練習をしていきましょう。最初は、不幸な解釈をしていたことに気づくだけでも、大進化です！　途中で不幸解釈をしていることに気がついたら、その話の最後を、幸せ解釈にして終わらせばいいのです。

終わりよければすべてよし！

めでたし、めでたし♪

大勢の人に囲まれても不満な人

ひとりの時間も楽しめる人

その頃には、幸せを人からもらうのではなく、自動的に、幸せになってしまっていることでしょう。そもそも、本当の「愛」というものは、相手に幸せにしてもらうのではなく、相手が幸せなことなんですからね！

ここを間違わないように！

あっ！　ちょっと、解釈のポイントで、今思い出したことがあります。

身近な人が、いろいろうまくいったり、幸せそうだったりすると、面白くないと思う人って結構いるんですね。これ、やめてみるといいですよ！

人が幸せになることを否定するんじゃなくて、認めることで、あなたにもその幸運が巡ってくるようになっているんです。

人を許可することは、自分を許可することとイコールなんですね。

これ大事なんで、覚えておいてください！

No.3 いちいち自分軸でいること

すごく、モテモテになるためには、「自分軸《じぶんじく》」でいることが大事です。

自分軸を簡単に言うと、いつも自分の主軸を「周りにどう思われるか」に合わせるのではなく、**「自分がどうしたいか」に合わせて生きる**ということです。

これは、「わがままを通す」ということとは違います。自分の気持ちを尊重しながら、周りに対して謙虚《けんきょ》に接するということです。価値観はみなそれぞれ違いますから、価値観の相違《そうい》を調整し合うということは、いいことですよね。

私たちは油断すると、周りにどう思われるかを主軸にしてしまい、本当の自分の気持ちをどこかに隠してしまうところがあるんですね。

魅力的で、人やもの、そしてお金をも惹《ひ》きつける人とは、自分軸からズレていない人です。

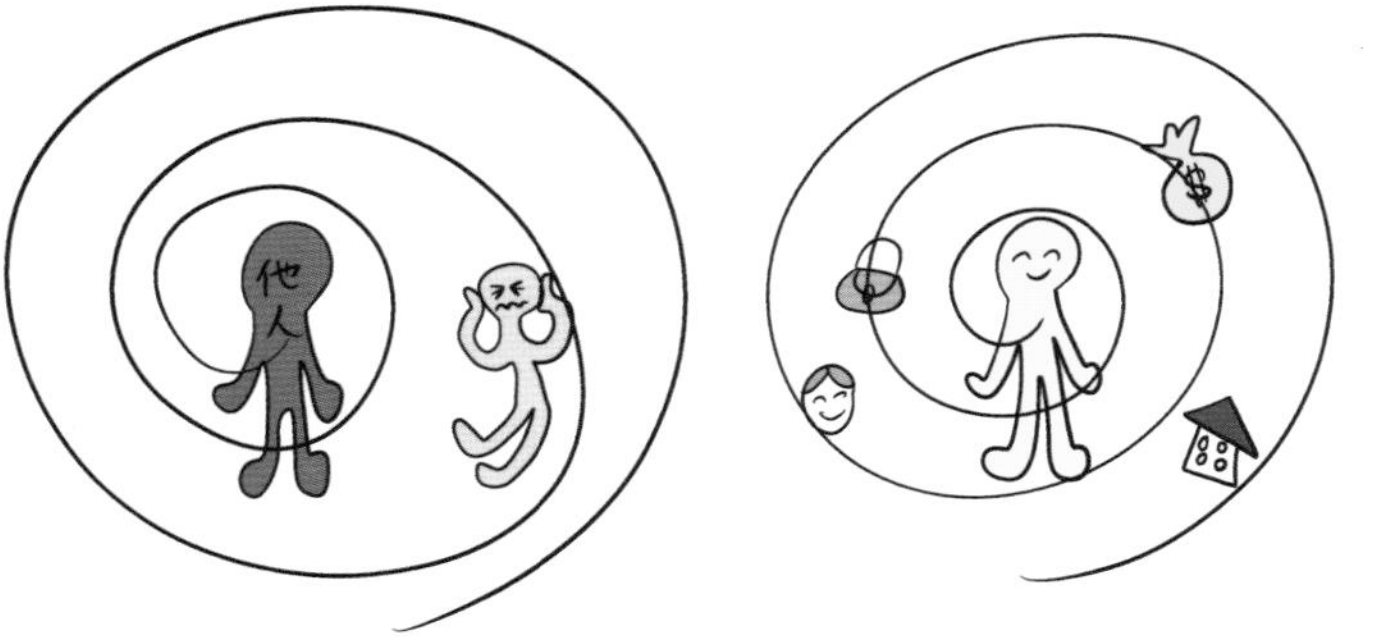

そして、多少ズレたとしても、すぐ元に戻れる人なんですね。

自分軸の人は、人に振り回されることがありません。いい意味でのブラックホールとでも言いましょうか。

自分を中心に、自分に必要な人、モノ、コトが引き寄せられてくるのです。

逆に、自分軸からズレると、ブラックホールの中心に自分がいなくなり、その周辺をぐるぐる回る羽目《はめ》になるのです。目は回りますし、気分も悪くなりますし、安定しないですよね！

さらに、他人軸でいると、本当の自分ではない自分を展開しているわけですから、それに見合った人、モノ、コトがやってくるわけです。

本当の自分ではないので、どこかしっくりこないものばかりになっていきます。パズルのピースがハマらない状態となり、どことなく、なんか違うということが多くなっていくんですね。

（例）

●仕事でいえば……

自分軸の人 → 楽しく感じる仕事に出会う。忙しくても楽しい。豊かになる。

他人軸の人 → 辞めたいのに辞められない。または、やりたくない仕事ばかりしている。忙しくてツライ、または暇でツライ。豊かにならない。

●引越しでいえば……

自分軸の人 → とっても心地いい家&住むと運気が上がる家と絶妙《ぜつみょう》なタイミングで出会う。

他人軸の人 → 自分の感覚ではなく、人の意見に左右されて、自分にしっくりこない家を選ぶ。または、しっくりくる家に出会うタイミングを逃す。

●恋愛でいえば……

自分軸の人　↓　「この人！」という人に巡り合う。楽しい恋愛ができる。

他人軸の人　↓　なかなか出会わない、もしくは、しっくりこない人ばかりに出会う。たとえ恋愛が始まっても、相手に振り回されて疲れてしまう。

●相手の機嫌が悪いときは……

自分軸の人　↓　相手の機嫌をとるのではなく、自分の機嫌をとることに集中できる。

他人軸の人　↓　相手に影響されて苦しくなり、自分の気分までもが一喜一憂《いっきいちゆう》していく。

●何かあったときは……

自分軸の人　↓　相手や周りの人のせいにしません。相手の価値観を変えようとしたり、動かそうとしたりせずに、自分なりに情報を集めたり、考えたりして動きます。そして、自分が選択したことは自分で責任を持ちます。そうしていると、困難の前の状態よりも、よい状態に進化していきます。

他人軸の人

↓　相手や周りの人のせいにします。自分を変えようとせずに、相手を変えようとしたり、動かそうとしたりします。そうしていると、相手は変えられませんから、イライラが募《つの》っていきます。

つまり、自分軸の人は、自分のエネルギーの使い方が上手で、しっかり自分を高めることに使えるわけなんですね。なので、とっても輝《かがや》いて見えます。

しかしながら、他人軸の人は、自分のエネルギーを周りに、どんどん漏《も》らしていきますから、自分を高めることに自分のエネルギーが残っていません。なので、あまり輝けないのです。

それだけでは足りずに、さらに周りの反応を気にして、周りに認めてもらおうとします。

……っていうか……、周りじゃなくって……、

自分で自分を認めてあげてください!!!

星に例えると……、

自分軸の人は、ひときわ輝くシリウス！
他人軸の人は、点滅して今にも消えそうなどこかの惑星。

これぐらいの差があるんですね。
ですので、「人からどう思われるか」で動かないようにしていきましょう。

あなたが、どうしたいのか？
これを、いちいち尊重してあげてください。
ひときわ輝く、あなたのために。
そうすると、シリウスになれますので、注目されますよ！
そうです、モテモテです！

ひときわ輝くシリウス

消えそうなどこかの星

ところで、あなたのことを、周りに、わざと隠さなくていいというお話もしておきたいと思います。

相手に、ちょっと不思議っぽく見せたいとか、雰囲気があるように見られたいという企《たくら》みがある人がしがちな行為の話です。

これも、他人軸で生きている証拠なんですね。相手は、そんなあなたを求めていません。

はっきり言って、逆効果！！！

気持ちがいいのはあなただけなんです。

あと、もうひとつ！

ちゃんと付き合うかどうかの話をしないで、なんとなく曖昧《あいまい》な関係のまま会い続けていて、悩んでいる人を見かけます。

なんとなく付き合っているようで、付き合っていないような関係。

この場合、ふたりの関係が何なのかを相手に尋《たず》ねてしまったら、今の関係性が終わってしまうということを、うすうす心の奥のほうで感じているのです。

おそらく……、99.9999……%、付き合っていません!!!

相手の都合に合わせて、自分の本当の気持ちを抑《おさ》えて他人軸で生きていると、あらゆる場面で振り回されていきます。

今まで他人軸で生きてきたとしても、自分軸に切り替えるように意識していくだけで、**振り回される状態から少しずつ解放されて、もっと自分にしっくりくる人との出会いを引き寄せることができる**のです。

No. 4

人は〝自分に関心をもってくれる人〟を好きになる

あらゆるものからモテモテになるために、非常に大切なポイント！

それは……、

モテたい対象に関心をもつことです。

ポイントは、犬のように、爽《さわ》やかに、可愛く、です！

人は、関心をもたれることが、何よりも嬉しい生き物です。重要な人と思われることが、

三食昼寝付きよりも嬉しいんですね。

すごく、シンプルですね！

関心の向け方としましては、

・SNSだったら、相手の投稿に〝いいね〟を押す（単純に嬉しいですよね！）
・褒めポイントを見つけたら、とにかく褒める！（わざとらしいのはNGですよ！）
・教えて欲しいことがあったら頼ってみる！（頼られたら嬉しいですよね！）
・目が合ったら、口角を上げて微笑む！（犬は尻尾を振りますね！）

どうでしょうか？　逆に、あなたがこれらを誰かにされたら、ちょっと嬉しくなって、意識しちゃいませんか？　何もしない人に比べたら、格段に印象に残るでしょう。

というわけで、犬的になっていきましょう。

あなたに関心があります。
あなたを気にかけています。

これが、本当に大切です。

No.5

人は"飽きる生き物"。手に入ったものは求めなくなる

モテモテになるためには、これも知っておいたほうがいいでしょう。

人は、対象が手に入って自分のものになると、それを求めなくなります。

私は犬を飼っていますが、犬も、同じおもちゃをずっと与えておくと、そのおもちゃでは遊ばなくなります。

すごく欲しいものがあっても、それが手に入ってしまうと、それはそれとして、ほかのものが目に入ってきませんか？　絶対に手に入らないものは諦《あきら》めがつきます

が、ちょっと無理すれば手に入りそうなものだったら、欲しくなりますよね？

このように考えていくと、なんだか世の中にあるブランド品の値段設定って、うまくできているな～って思ってしまいますよね。

また、ものすごく欲しい商品であったとしても、在庫がたくさんあって、いつでも買える状態だと後回しにすることが往々《おうおう》にしてありますが、「残り1点」とか「今日で閉店します！」なんて言われると、焦って買ってしまうかもしれませんよね！　ただ、何度も行なわれる「閉店売り尽くしセール」みたいだと効果はあまりありませんが（笑）。

というわけで、恋愛においても、この心理を使えるということです。

あなたは、あなたという、素敵なブランドになっていきましょう。

手に入りそうで入らない……そんな距離感が、いちばん相手の恋のテンションをキープさせてくれます。

余談ですが、私の知り合いに、男性の心を操《あやつ》る〝魔性の女〟がいます（笑）。
彼女に話を聞くと……。

最初に、気のあるそぶりを見せたり、ちょっとしたことで相手を褒めます。
そして、相手が自分が垂《た》らした釣り糸に引っ掛かったら、全力で逃げ回るそうです。
すると、相手を振り回すことができるとのこと。
それがとても楽しいと言っていました。

でもこれは、相手を恋愛依存症にさせてしまうので、基本的におすすめしません。ちなみに、この女性は、本命の彼に出会ってからは、釣ったあとも逃げずに、ちゃんと結婚しました。何度か自宅にお邪魔したこともありますが、旦那さんのことをとにかくよく褒めます。今でも、ものすごく夫婦円満です。

さて、話をもとに戻しましょう。
片思いの人や恋人に気に入られたいからと、相手の言いなりになっていませんか？

すべて相手に合わせていませんか？

デートに誘われたら、何がなんでも予定を合わせて、食べたいものを聞かれたら、「なんでもいい！」なんて、答えていませんか？

さらに、急に呼び出されて、相手のところへ飛んで行ってはいませんか？

これらは、完全に逆効果です。続けていくと、あなたに対する相手の態度は雑になっていき、あなたは苦しくなっていく可能性が高くなります。

人は、本当の自分を生きないと苦しくなるようにできているんですね。

じつは、**あなたを苦しめていたのは相手ではなく、あなた自身**ということに気づくといいでしょう。

その恋がうまくいかない場合は、もっとあなたに合う人がほかにいるということです。

あらゆる別れは、本当のご縁につながるためにあるのです。

ここで、手に入りそうで入らないから、抜け出せなくなってしまう、不倫エンドループの話をしたいと思います。よくないほうに働いてしまうと、こうなってしまうのですね！
という例えです。

ご存じの方もいるかもしれませんが、私がSNS上で何度か対談させていただいている、理学博士のぐっどうぃる博士が運営する『恋愛ユニバーシティ』（https://u-rennai.jp/）というサイトがあります。そこに、「典型的な不倫の流れ」という記事がありましたので、博士の承諾を得まして、ここで引用させていただきます。

〈不倫の流れ〉

その1 最初は楽しい。

▼

その2 しばらくして女性は、その男性を独り占めしたくなる。同時に、自分が本当に愛されているのか色々な言動で確認しはじめる（この行為をしなければ不倫は以下の流れをたどらない)。もちろん、それは証明されることはない。なぜなら、男には妻子がいて、必ずそこに帰っていくからだ。

その3

女性の独占欲や愛情を確認する言動に男はうっとうしさを感じるようになる。なぜなら、家庭を壊《こわ》してまでその女性を愛そうとは思わないからだ。彼らは、自分の社会的地位や家庭が守られている範囲内でその女性を愛しているのである。うっとうしさを感じるようになると、男の心は女から離れていく。

その4

男が離れていくのを見ると、女は自己反省をし、愛されるように努力する。相手のことを考えてあげられなかった自分を責める。これが最初の苦しみ。

その5

女に愛されるようになると、男の愛情はより浅くなる。愛情をかけなくても、女に愛されるからである。愛されている限り、男は努力する必要を感じない。仕事や家庭にエネルギーをつぎ込むようになり、女は愛情のなくなった男に愛されるためより努力する。

(もう一度2に戻り、2~5までの順をくり返す場合もある)

その6 ◀ 努力し尽くした女は、疲れ果て、別れを考えるようになる。そして離れようとする。

その7 ◀ 一部の男は女が離れようとすると、今度は引き戻そうとする。愛されないと不安になるし、「都合のよい存在がいなくなるのは惜《お》しい」と考える男も、大勢いるのである。

その8 ◀ 一部の女性はそこで別れるが、一部の女性はいつまでも離れられず、自己嫌悪したときに相手を憎みながら、3~7の間を行ったり来たりする。その行ったり来たりの間に、お互いに対する依存は深まり、離れられなくなる場合も多い。不倫は多くの場合、2～7でできた輪を行ったり来たりする苦しみと言えるだろう。その輪の中にいる限り苦しみから逃れられない。

いかがでしたでしょうか？

悲惨ですよね。まるで、ギャンブル依存症やアルコール依存症のように、〝自分ではなかなか止められない〟といった症状と似ています。

もしも、これを読んでいるあなたが、このような苦しすぎるループに落ちているならば、この地獄状態を、覚悟をもって終わりにすることをオススメいたします。

ひとりで無理ならば、周りの人や専門家などに力になってもらうのもいいでしょう。

No.6

モテモテに必要な3つの法則

とっても大事なことなので、波動の法則を忘れずに活用していきましょう。

あなたが思ったり、感じたりしていることは、自動的に、あなたから波動として出ます。

いついかなるときも、出ています。

そして、出した波動と同じ気持ちになる現象を、時間差で体験することになります。

ですので、あなたが、いちいち心地いいことを選択すれば、心地よく感じる現象があとからやってくるんです。

非常に、シンプルな法則です。これさえ、マスターしてしまえば、すべての運を自在に操《あやつ》れるようになります。

今、この瞬間、いちいち心地いいことを、選択し続けていけばいいだけですからね！

今、ハーブティーを飲みたいのなら、それを飲んで、心地いい気持ちに浸《ひた》ってください。

今、お昼寝したいのならば、お昼寝をして、心地いい気持ちになってください。


簡単ですね。これだけなんです。


恋愛は、うまくいっているときは、ずっとハッピーな波動を出していることでしょう。

しかし、うまくいかなくなると、相手にどう思われているのかが気になって、鬱々としたり、相手からの返信がなくて不安になったりすると、不安の波動が出てしまいます。

そして、不安の波動が出てしまうと、不安な現象があとからやってきます。

ですから、このようなときも、いちいち心地いいことを選択していきましょう。

波動の法則は鉄板です。

あなたから、心地いい波動が出るようになれば、あなたにとって、心地いい現象が起こり始めるようになります。

すなわち、彼から連絡があったり、素敵な出会いがあったりするんですね。だまされたと思って、ぜひやってみてください。

「そんな……、不安の気持ちを無くすことなんてできない！」

という声が聞こえてきそうですが、そんなときは、しばらく不安な気持ちに浸っていてもいいでしょう。

ただし、いつまで不安な気持ちを持ち続けるのか、期間を決めてくださいね。でないと、キリがないですからね。

そのあとは、いちいち心地いいことを選択してください。

恋愛に限らず、自分を責めてしまったり、目の前に困難が立ちはだかったりして、自分にとって心地よくない感情がわいた場合は、もれなく、あなたから、心地よくない波動が出ています。

そのときこそ！　この波動の法則を思い出して、いちいち心地いいことをするのです。

そうすれば、あなたにとって、心地いい現象が創造されていきますから。

もう一度くり返します！

うまくいっているときも、

うまくいかないときも、

ただ、ひたすら、波動を整える！

これができれば、あなたは、どんな運もいちいち開運します。

さて、波動の法則を理解したら、設定の法則の話もしていきたいと思います。

闇雲《やみくも》に、ゴールがわからないまま進むのではなく、

ここに行きます!

こうなります!


と決めていいのです。これ、やっている人、意外と少ないんですよね。

もちろん、「どうなりたいか」が明確ではない人もいると思います。その場合は、焦《あせ》らなくて大丈夫です。毎日、ちょっとずつゴール、つまり、小さな設定を入れていく感じでいいんです。あなたは、あなたの世界の創造主なんですね。

起ったことを受け身で体感していく人生と、好きなように先に決めて創造していく人生、どちらがお好みでしょうか?

恋人ができました!
○○が手に入りました!
セット、キャンりょ!

もし、後者を選ぶのならば、設定の法則を使いまくってください。

先に決める！

ただそれだけなので、簡単ですね。

（例）

私に、今日、嬉しい知らせがあります。

私は、今日、〇〇さんとすごく楽しく過ごせます。

私は、〇月までに、とても素敵なところに引っ越します。

私は、3年以内に、すごいお金持ちになります。

私は、とにかくモテモテです。

私は、〇月に恋人ができます。

私は、〇月に結婚します。

私は、結局、大富豪になります。

さあ、どんどん決めていきましょう。
今日は、何を設定しますか？

さらに、「前祝いの法則」もご紹介させてください。

波動の法則、設定の法則に、前祝いの法則をＭＩＸさせると、もう、あなたの願いは、叶うことが確定になります。
前祝いの法則は、とっても簡単です。

先に祝う！

以上です（笑）。

できれば、68秒以上、本気で〝叶い済み〟

の感情に浸りながら、言葉に出してお祝いをしてください。言葉に出すことで、宇宙に注文されますので、必ず、言葉に出すことをおすすめいたします。

書いて残しておきたい場合は、『宇宙に注文！　超開運ノート』（日本文芸社）を活用していただくのもいいでしょう。

最高に楽しみながらやっていただくと、あなたからとっても素敵な波動が出ますので、とっても素敵な現象が創造されていくでしょう。

（例）

・欲しいものが手に入りました！　ありがとうございます。
・素敵なところに引っ越せました！　ありがとうございます。
・いい仕事が舞い込んできました！　ありがとうございます。
・めちゃくちゃお金が入ってきました！　ありがとうございます。
・恋人ができました！　ありがとうございます。
・結婚しました！　ありがとうございます。

わ～い、わ～い！！！
本当におめでとうございます！
（もっと詳しく、前祝いの法則を知りたい方は『神さまと前祝い』（王様文庫／三笠書房）を手にとってみてください。）

No.7

男は基本、5歳児

「男性は全員5歳児」の法則という話をしたいと思います。

外で、いくらかっこいいことを言っていても、立場のある人であっても、基本的に、ママに甘えたいし、自分がママのいちばんじゃないとイヤなのです。

これは、30歳になっても、40歳になっても、70歳になっても変わりません。恋人ができればママは恋人になり、結婚すればママが奥さんになります。

なので、ママの代わりの女性に、

すごいね〜！

さすがだね〜！

よくできたね〜！

えら〜い！

ありがとう〜！

なんて言われると、最高に嬉しいのです。何かしてくれたときは、少々オーバーリアクションで褒めてください。

例えば、お醤油《しょうゆ》をとってもらうときにも使えます。

①お願いする！

②行動してくれる！

③（多少失敗していたとしても）おおいに喜ぶ！

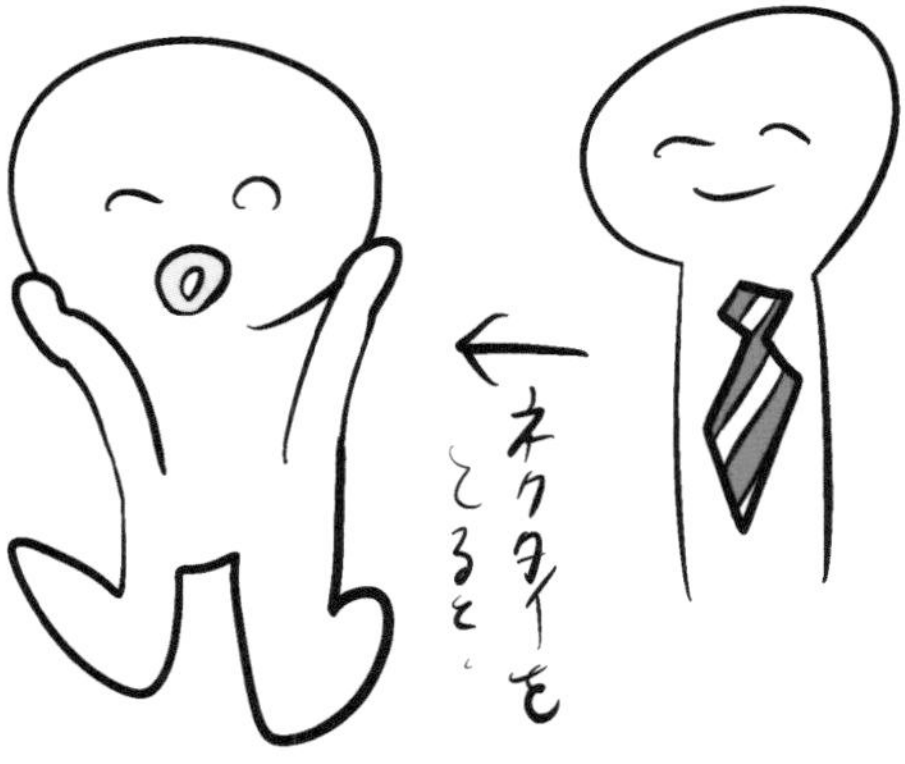

これで、ものすごくママ大好き～！　になります。

例えば、相手が間違っていたときに、意見を言ったり、ダメ出ししたりして、相手の機嫌が悪くなった場合は、この5歳児の法則を思い出してください。

「あ～そっか。5歳児だった！」

ボクがいちばんじゃないとイヤなんです！

これは有名な話ではありますが、知らない人もいるので書いておきます。

女性はストレスが溜《た》まると、話を聞いてもらって解消することが多いのですが、男性はその逆で、自分の世界に閉じこもります。話しかけても、返事が短く、話しかけるなオーラを出しているときは、大概《たいがい》そうです。

これが、ゲームであったり、YouTubeをひたすら観ているということもあるでしょう。黙ることで、脳内データを整理していくんですね。

ゲームやパソコンなどの機器で例えるなら、単に〝機能〟が違うだけなんです。

ですから、「相手にしてくれない〜!」と言って、黙っているときに下手にしつこくして、相手の心の自由を束縛《そくばく》するようなことはしないほうがいいでしょう。データ処理中に、パソコンをいじられたらイヤですよね!? イライラが増してしまいます。

黙ったら、〝自分の世界へ行っているとき〟ととらえて、放っておく!

これがポイントです。

No.8

モテる人のマネをする

あなたの周りでモテる人がいたら、ぜひ、その人のマネをしてください。

マネをすると、その人のモテる運気を取り入れることができます。

何をマネするかというと、じつはなんでもいいのです。

とはいえ、全部、まるっとマネをするのではありません。

あなたが、

「これは、私にもできる！」

「これは、ぜひマネしてみたい！」

と思ったことなら、なんでもいいでしょう。


基本的には、あなたがテンションが上がらないことは、マネしなくていいですよ。そして、モテる人だけでなく、あなたが、「こんな人になりたい！」という人がいたら、その人の何かを取り入れればいいのです。

これってとても簡単ですし、密かに絶大な効果があります！

例えば、言葉、行動、香り、コスメ、美容院、洋服・小物・アクセサリーのブランド、休日の過ごし方、最近観た映画……ｅｔｃ．


さあ、あ～だこ～だ考える前に、ぜひ取り入れちゃいましょう！

これは、本当に、オススメです！！！

キャメコラム

2つの「モテ国」の物語

〝モテ〟という、同じ名前の2つの国がありました。

同じ名前なので、
A『モテ国』
B『モテ国』
とすることにします。

A『モテ国』の人は、何かあったら、周りのせいにします。いつも愚痴、泣き言、人の噂話などを話しています。

自分の利益だけを考えて行動し、相手のために何ができるかよりも、相手に何かをしてもらうことばかりを考え、何か人にやってあげたときには、もれなく見返りを求めます。

A『モテ国』

さらに自己犠牲を払ったときは、「こんなに大変な私」をアピールします。

そう、他人軸の国なのです、

B『モテ国』の人は、何かあっても周りのせいにしません。理想を語り、自分も周りの人もむやみに評価したりせずに、尊重し合います。

自分が喜んで、さらに、人も喜ぶことを楽しみながら考えて行動し、相手のために何ができるかを考えて行動するのが好きで、決して、「自分を犠牲にした」と思うようなことはありません。

自分のことも、人のことも大切にします。

そう、自分軸の国なのです。

あるとき、A『モテ国』と、B『モテ国』が、ひとつの国になりました。

『モテモテ』国になるではありませんか!!!(笑)

B『モテ国』

私にできること ありませんか?
いつも ありがとう!

さあ、

A『モテ国』出身の人

B『モテ国』出身の人

どちらの国にいた人が、モテモテになるでしょうか？

どっちの人に仕事が集まるでしょうか？

どっちの人にお金が集まるでしょうか？

どっちの人に恋人ができるでしょうか？

B『モテ国』にいた人は、人が喜ぶことに喜びを感じていますから、人が喜ぶ仕事やチャレンジをしますし、たくさんの人に応援されるでしょう。はたから見ても、魅力的なので、恋人もできます。

A『モテ国』にいた人は、B『モテ国』にいた人を訪ねて行き、モノやサービスを買ったり、自分を認めてもらおうとします。満足できないと、自己犠牲を強調し、こんな「可哀想な私！」を演出します。

そうです。B『モテ国』にいた人たちに、人もお金も恋人も、すべてが集まるのです。
だって、どこからどう見ても、魅力的ですものね！

周りの人に、笑顔や輝きを与えられる人が、モテモテで、豊かになるのです。周りのうまくいってる人たちをこの視点で見てみましょう。

あなたの生き方は、
A『モテ国』の人？　それとも
B『モテ国』の人？
すべては、あなたが選択できます。

モテモテになりませんか？

第2章

モテすぎちゃう8つのワーク

CHAPTER 2

色を使ったエネルギーワーク

このエネルギーワークは、とっても簡単です。

色をイメージして、鼻からゆ〜っくり深呼吸をくり返し、あなたの中がその色でいっぱいになったら完了です。いつでも、どこでも、色のパワーを取り入れることができます。

まず、色を選んでいきます。次のページの色で、今、ずっと見ていたいと思う色はありますか？　もし、そのような色があったら、その色をあなたの中に取り入れましょう。

それが、今のあなたに〝必要な色〟になります。その色を取り入れるだけで、心がリラックスし、エネルギーが満たされていくのを感じられるでしょう。

これは、あなたの体に必要な〝色の栄養素〟と言っても過言ではありません。取り入れることで、あなたの中の精神、肉体、そして、エネルギーのバランスが整えられていきます。つまり、波動、そして、「運」も整うというわけです。


できるようになってきたら、次は、目的別に色を取り入れてみてください。素晴らしい、色のパワーを体感していきましょう。瞑想《めいそう》にも使えますから、万能です！

人によっては、色を吸い込むと、香りを感じるようになってくることもあるので面白いですよ！

- **ゴールド**…金運、仕事、次元上昇
- **シルバー**…カリスマ性、芸術
- **ピンク**…恋愛、結婚、美、トキめき
- **マゼンダピンク**…引き寄せ、豊かさ、魅力
- **ライトブルー**（水色）…コミュニケーション、表現、自由
- **ブルー**…知性、神秘、冷静
- **グリーン**…健康、癒し、平和
- **イエロー**…個性、面白さ、クリエイト、幸せ、豊かさ
- **レッド**…元気、活力、やる気、リーダー
- **オレンジ**…明るさ、楽しさ、自信
- **クリーム**（ベージュ）…優しさ、リラックス
- **パープル**…神聖さ、スピリチュアリティ、浄化
- **ブラウン**…育てる、安定、継続、栄養
- **ホワイト**…許し、解放、浄化
- **ブラック**…守護、土台を固める、グラウンディング※

※地球としっかりつながることで、心や体を安定させ、バランスを整えること。散漫になっている意識を今この場所（自分）に戻すことで、本来の自分を呼び戻すことができます。

No.2

スキャンワーク

私たちには、「スキャン機能」があることをご存知でしょうか？

さらに、スキャンしたものを、再現する能力も兼ね備えているんですね。

あなたが理想とする、人、モノ、状況などを見つけたら、すかさず、スキャンしてください。


肝心な「スキャン」はどのように行なうのか？

方法をご説明しましょう。


スキャンは、理想の人、モノ、状況を見た瞬間に行ないます。

リアルに見たときでもいいですし、ＰＣやスマホで見たものでも大丈夫です。

その対象を見ながら、心の中で、

「スキャン！」

と呟《つぶや》いて、すでに、あなたのものであることを確信しながら、利き手の手のひらを、左から右にスライドさせてください。

これで完了です。

こんな人になりたいな！
これ欲しいな！
こんなところに住みたいな！
これな恋人欲しいな！
こんなカップルになりたいな！
なんでもＯＫです。

どんどん、スキャンしていきましょう！

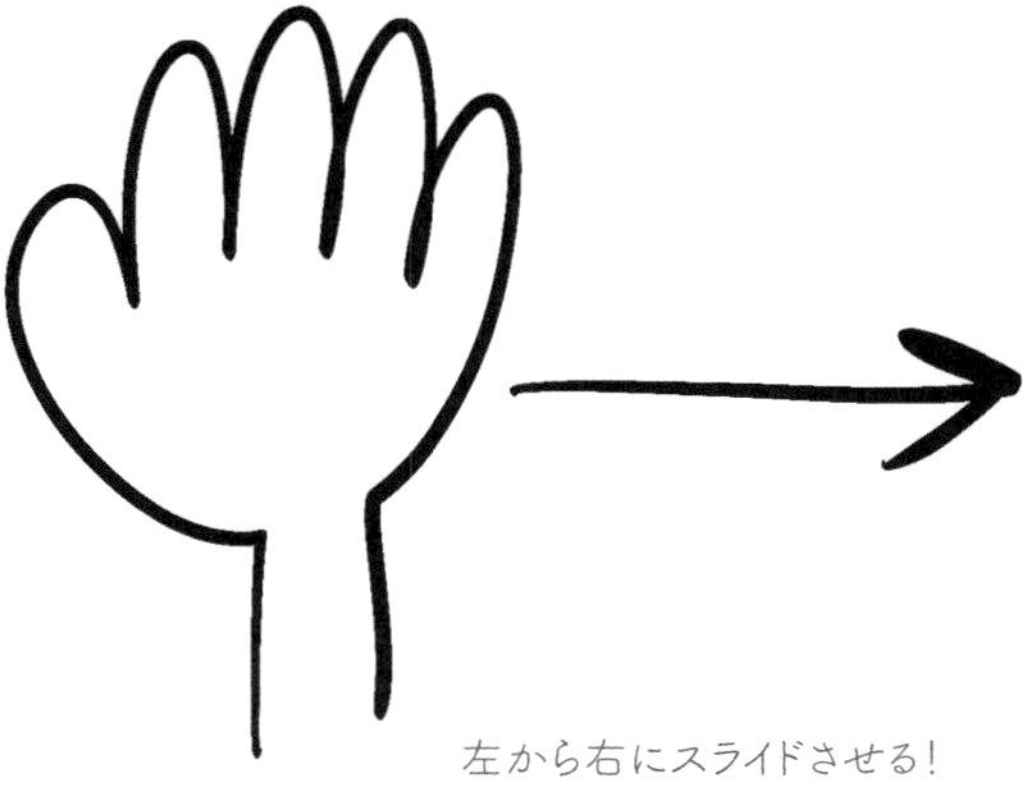

左から右にスライドさせる！

No. 3

チャクラビーム

チャクラとは、あなたと宇宙の本体がつながるエネルギーが流れている部分で、体幹部に並んでいます。チャクラのエネルギーの流れがいい状態であると、とても楽しく、そして豊かに地球生活を送ることができます。

本書では、恋愛運が上がるハートチャクラビームのエネルギーワークをご紹介いたします！　全体的なチャクラのエネルギーワークに関しては、『神さまとつながる方法』（日本文芸社）をご参照ください。

逆に、ここのエネルギーの流れが滞《とどこお》っていると、人に依存したり、執着したりして、自分の感情のコントロールがしにくくなります。

というわけで、ワークを始めていきます。

このワークは、「**1　色を使ったエネルギーワーク**」（58ページ参照）の応用編ともいえます。1では、深呼吸を鼻と口で行ないましたが、ここでは、ハートチャクラで深呼吸をします。そういうイメージで、呼吸をしてください。

まず、ピンク、グリーン、マゼンダピンクのいずれかをイメージしてください。この3色なら、どの色でもいいでしょう。

あなたが、しっくりくる色を選んで、ハートチャクラで呼吸を始めます。

次に、深呼吸をしながら、色がハートチャクラに届いて、チャクラの流れが色とともに活性化していくのをイメージしましょう。ハートが温かくなり、満たされた気持ちになったら完了です。

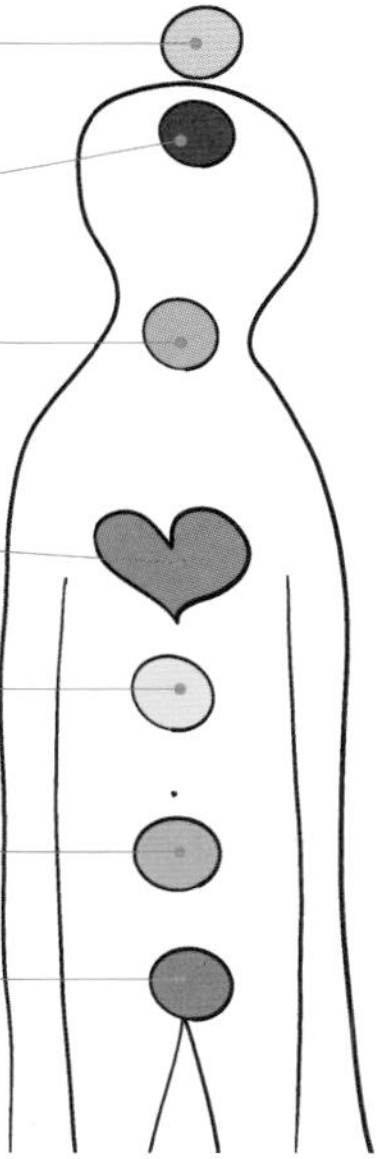

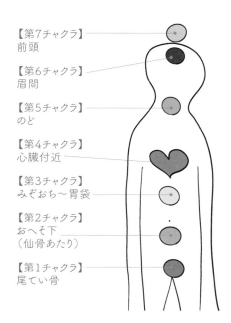

いつでもどこでも、このワークをしていきましょう。人によっては、深呼吸をしながら、人、場所、モノなどがパッと浮かんでくることがあります。人であったら、連絡をしてみましょう。場所であったら、そこに行ってみましょう。

チャクラワークのステップ
①色を取り入れて呼吸する
②活性化されていく
③ハートが温かくなったら完了

あなたの、恋愛運や結婚運を上げてくれるきっかけになります。そして、ハートチャクラがいつもイキイキするようになります。

とっても心地よいワークですよ！

No.4

縁結びの神さまよりも縁切りの神さま

あらゆることは、出すと入ってくるんですね。

この考え方に基づき、お金が増える流れについて『お金が増えすぎちゃう本』（日本文芸社）でご紹介していますので、金運をアップさせたい方はご参照ください。

じつは、人のご縁もそうなのです。

整理整頓すると、あなたに必要なご縁がやってきます。

そこで、整理整頓するのにおすすめなのが、安井金比羅宮《やすいこんぴらぐう》（京都府京都市）です。あなたにいらないご縁を切ってもらいましょう。

ポイントは、「相手の不幸を願うのではなく、相手の幸せを願うこと」です。

そうすれば、あなたも、あなたの周りの人も、すべてがハッピーエンドになるんですね。

ちゃんと、それぞれがそれぞれに〝合う場所〟に移動するだけの話です。さらなる幸せが待っていますね！

いいことしかありません！

もちろん、人以外でもいいです。仕事でも、場所でも、モノでも、病気でも……。あなたに必要のないご縁とお別れして、それぞれが、最高に幸せになるように、お祈りをすればいいのです。

大丈夫ですよ。切らなくていい縁は、無理に切れることはありませんので、そのあたりは、神さまにお任《まか》せしちゃいましょう。

もうひとつ、わたしがオススメしたいのが、熱田神宮《あつたじんぐう》（愛知県）の八剣宮《はっけんぐう》です。こちらは、とにもかくにも、スパッと、パシッと、あなたにいらないご縁を整理してくれることでしょう。

おまけの話

山梨県の韮崎《にらさき》市観光協会が、キャメレオン竹田が選んだ市内のパワースポット6か所に、見どころや言い伝えを紹介する看板を設置しました。

ちなみに、その6か所とは、武田八幡宮、わに塚のサクラ、銀河鉄道展望公園、大賀《おおが》ハス、當麻戸《とうまと》神社、穂見《ほみ》神社です。

看板には、パワスポキャメちゃんが描かれていますので、ぜひ、一緒に写真撮影をしてくださいね！（笑）

何度もいろんな著書に書かせていただいていますが、穂見神社は、500円でひとつ願いを叶えてくれると言われています。私は、今までの願いが全部叶っています！！！　本当にすごいです。

No.5

モテモテ風水

モテモテ風水の話をする前に、基本的かつ、いちばん大事なことを言います。
それは、とにかく目立ってください！　ということです。

あなたという人間を出してください。発見されやすくしてください。
Amazonにどんな素敵な商品があっても、検索して出てこなければ買えないですよね！

あなたという人間を、出して、表現してください。自分に、オススメ商品のスポットライトを当てるのです！

人の評価は千差万別です。
でも、あなたを知る人が増えれば増え

るほど、あなたを好きになる人の確率は増えるのです。

「え〜でも……。私、小心者なんです」

なんて言う、そこのあなた！

いつもより、半歩だけ前に出てみるだけでもいいんですよ。ちょっとだけでいいのですから、目立つ行動を起こしてくださいね。

SNS上でもいいでしょうし、職場でもいいでしょう。あるいは、道端でもいいかもしれません。

それでは、ここから「モテモテ風水」を活用していきましょう。

私たちは、もともと宇宙そのものであり、神さまです。そして、私たちそれぞれが、人間の中に入っているだけなんですね。

ということは、私たちの体はお社《やしろ》です。

そう考えると、いつもこの〝お社〟に感謝をしながら、自分の「魂」と「建物＝見た目」をキレイにしていれば、たくさんの参拝客がやってくるはずです。

参拝客は、あなたという社に、お賽銭《さいせん》を納めてくれたり、御祈祷《ごきとう》を受けてくれますね。

つまり、人にもお金にも、モテモテになるということです。

とうわけで、身なりをキレイに整えていきましょう。自分をある意味、伊勢神宮のようなものだと思ってください。

姿勢

背筋を伸ばして、姿勢をよくしておくことがポイントです。神社の柱をイメージしてください。ピシッとしていると、あなたという神さまの居心地がよくなるのと同時に、チャクラにエネルギーの流れがよくなるので、よりあなたが魅力的になります。さらに、あなたに必要な人が、あなたに惹《ひ》きつけられる可能性が高くなっていきます。

髪の毛

定期的に整えましょう。しっとり潤《うるお》いがあるとなおGOOD！　おでこの第三の眼（眉頭《まゆがしら》と眉頭の間あたり）のところは、前髪で隠しておくよりも出しておいたほうが、いろんなこと察知したり、引き寄せをしやすくなります。あとは、とにかく清潔感がポイントです。

肌

乾燥していませんか？　艶《つや》を出してツルツルにしておきましょう。潤いがあり、艶のあるお肌や唇は、あらゆる運に最重要です！

鎖骨

美しい鎖骨《さこつ》が、ちょこっと見えるぐらいの服を着ると、あなたの魅力が放出されやすくなります。また、あなたとコミュニケーションを取りたい！　と思う人が増えるでしょう。チラリズムがポイントです。伊勢神宮のお社は、奥まで全部は見えないようになっています。

爪

キレイに整えておくだけでもいいでしょう。艶があるとなおＧＯＯＤ！　また、59ページと73ページを参考にして、上げたい運の指のネイルだけ、色を変えたり、ストーンを乗せたりしてみましょう。

服や下着

身につけていて「心地いい！」と感じるモノだけをクローゼットにイン！　それ以外は思い切って処分を。神さまに着せても大丈夫？　を判断基準に。

靴や鞄

清潔感があって、履《は》いたり、持っていたりして気分が上がるものならＯＫでしょう。気分が上がるとあなたのオーラが外向きになるので、みんながあなたのことを、見つけやすくなります。つまり、出会い運がアップするんですね。「オーラが外向き」は、観音様の後光をイメージしてください。すごいですよね！

宝石・パワーストーン

宇宙のエネルギーは、手の指先から受信します。そして、指はアンテナのような役割で、それぞれの天体とリンクしています。

指：金星（恋愛運、金運、人間関係運）
人差し指：木星（モテ運、引き寄せ、アピール力、拡大発展）
中指：土星（苦手意識の克服、継続力、集中力、形にしたいとき）
薬指：太陽（人生全般の向上、仕事運、人気運）
小指：水星（伝える力、コミュニケーション運、商売運）
これらの作用を活用してモテモテになっていきましょう。上げたい運の指のネイルだけ少し派手にしたり、指輪をしたりして、華やかにするといいですよ！　とくに、人差し指はあらゆるモテモテ運に万能です。

パワーストーンのブレスレットについて、右手と左手のどちらにすればよいのか、という質問をよくいただくのですが、パワーストーンからエネルギーをいただきたい場合は左。充電する感じです。エネルギーを活用して、あなたのオーラを外に放出していきたいときは右です。あなたが元気がないときは左、元気があるときは右、という感じです。

また、パワーストーンも宝石も、こまめに浄化するといいでしょう。簡単な浄化方法としましては、パワーストーンの場合、神社のご神水や湧水《ゆうすい》に浸《つ》ける、または、流水を30秒くらい浴びさせること。石によっては、水に弱いものもありますので、そこだけ注意しましょう。宝石は、ジュエリー磨きのクロスやペーパーなどで、ピッカピカにしておきましょう。最高に輝いてくれます！　もちろん、パワーストーンもピカピカになります。磨くときに「ありがとう」と言いながら磨くと、素晴らしい浄化になります。

●モテモテになる指輪

ピンクトルマリン、ピンクサファイア、ローズクオーツの指輪がモテ運を引き寄せます。基本的にどの指でもいいですが、とくにモテモテ運を爆上げさせるなら、人差し指にしましょう。左右はどちらでもOK。土台は18KYGがオススメです。人だけでなく、いろんな引き寄せパワーが炸裂《さくれつ》します！

●女性の魅力を最大限に上げる&豊かになってしまう指輪

アコヤ真珠の指輪は、女性の魅力をMAXまで上げてくれます。すべての流れをよくするダイヤモンドの組み合わせで、土台は18KYGが最高です。

●金運がよくなる指輪

ルチルクオーツの指輪がオススメ。土台は18KYG。こちらは、透明度が高く、金の針状のルチルの量が多いほどいいでしょう。

●あらゆる運を爆上げする指輪

ここぞというときに、運を爆上げしてくれるスファレライトと、すべての流れをよくするダイヤモンドの組み合わせ。土台はこちらも18KYG。

香り

●結婚運が上がるパワーストーン

愛と癒しを降り注ぐモルガナイトと、パートナーとの心のつながりを強めるアクアマリンの組み合わせは、結婚運を上昇させます！

精油（エッセンシャルオイル）の活用をおすすめします。お部屋で焚《た》いたり、掃除に数滴使ったり、ハンカチに垂らして持ち歩くのでもＯＫ！

●あなたの魅力と、引き寄せパワーを倍増させてくれる精油

ジャスミン／ローズオットー（ローズアプソリュート、ゼラニウムでも◎）／ラベンダー／カモミール・ジャーマン／カモミール・ローマン／ネロリ

●あなたの出会い運を高めてくれる精油

オレンジスイート／グレープフルーツ／ベルガモット／シロトネラ

／マンダリン／レモングラス

●あなたの健康や豊かさをバックアップしてくれる精油

サイプレス／シダーウッド／ジュニパー／ティートリー／ユーカリ／ローズウッド

●あなたにとって不要なものをサッパリ整理してくれる精油

キャロットシード／クラリセージ／スペアミント／ペパーミント／タイム／フェンネルスイート／マージョラム／ローズマリー

●あなたの仕事運と健康運に力を与えてくれる精油

カルダモン／クローブ／コリアンダー／シナモン／ジンジャー／ブラックペッパー

No.6

モテモテになるキャファメーション

アファメーションとは、いい波動を出す練習のことです。

そして私は、アファメーションを、キャファメーションと呼んでいます。いい波動が出るようになれば、いいことがドンドン起こるようになります。

あなたが〝こうなりたい！〟と願うことを、**すでに起きている状態の表現**にします。ですので、「私は〇〇したい！」とか、「〇〇できますように！」という願望ではなく、「私は（すでに）〇〇です！」と言い切ってください。

最初は、心が伴っていなくても、言葉にするだけで大丈夫です。

なれてきたら、本当に、その気分を味わいながら言いましょう。本当に心地よくなってきたら、しめたものです。

いくつか例を挙げておきますが、自分なりにアレンジしていただいて大丈夫です。毎日、朝起きたとき、夜寝る前、トイレに入ったとき、エレベーターの中などで、思い出したら呟《つぶや》きまくってください。

〈キャファメーション一例〉

・私はものすごくモテモテです。
・私はすでにモテモテ大魔王です。
・私は、あらゆるものにモテモテです。
・私の魅力は計り知れません。
・みんな私と結婚したがっています。
・私はお金にもモテモテです。
・私を見ると、みんなの目がハートになります。

Ｅｔｃ．

No.7

モテモテの手相・人相

モテ運がよくなる手相の線はいろいろありますが、ここではもっともポピュラーなものをご紹介します。

ちなみに、右手は現在の自分やこれまでに努力して得たものなど顕在的《けんざいてき》なものが、左手は持って生まれた才能や運勢など潜在的なものが出ます。

どちらの手相も最大限に使っていきましょう！

また、モテ運がよくなる人相については、唇がわかりやすいので、ここでは唇だけを紹介しておきます。

潤いのある肌や唇は運気が上がり、カサカサの肌や唇は運気が下がるので、常にケアしておくことも大切です。日頃のお手入れも欠かさないようにしましょう！

主な基本線

手のひらに表れている線から、持ち主の過去と現在、未来を読み解くのが手相です。手を広げて、簡単に自分の運勢をチェックしてみましょう。これまで思ってもいなかった新しい自分の一面がわかっちゃうかも？

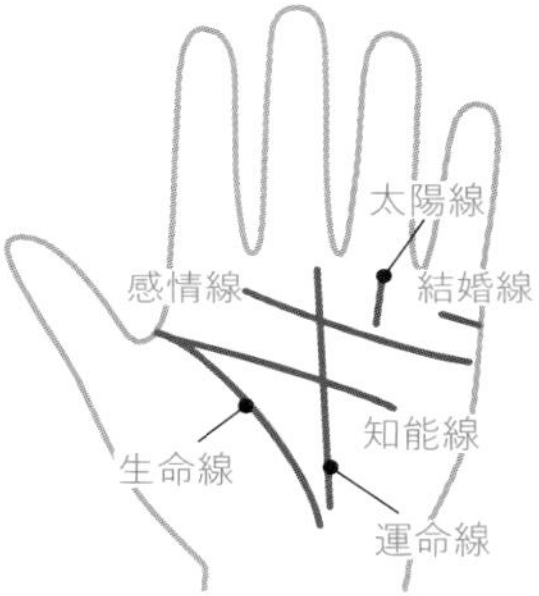

モテる手相

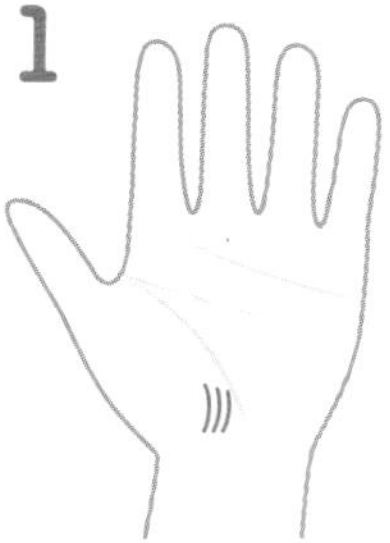

1

左手の生命線の内側に寄り添うような線がたくさんある

パートナーはもちろん、それ以外のたくさんの人から愛されて困ってしまうかも!?

2

このあたりに線が入っている

この本数が多いほどモテ度が高まります。この手相の持ち主は愛嬌があり、人から愛される魅力にあふれているでしょう。

3

中指と薬指の下に半円を描くような線がある

この線がある人は美的センスに優れて魅力的。さらに、異性からモテモテになる人に多くみられる手相です。

モテる人相

1

上くちびるが
下唇より厚い

2

上くちびるより、
下唇のほうが厚い

1の人は、愛されるより、愛を与えることのほうが多く、2の人は、自ら愛するより愛される度合いのほうが多いです。

No. 8

12星座の相性の話

私は、「タロット占い師になる学校」や「手相占い師になる学校」のほかに、占星術師になるための学校を主宰《しゅさい》しています。

ここでは、占星術で12星座別にみたときの波動の状態について説明していきたいと思います。

波動がいい状態のときは、あらゆる運が上昇しますので、その調子でございます。

波動が乱れているときは、気づくだけでも大進化！　そこから、ひたすら波動を整えていきましょう。

また、周りの人の星座がわかれば、今の波動の状態を観測して、何かネガティブなことがあったとしても、温かく見守ることができるので活用してみてください。

●牡羊座の人

波動がいい　↓　自分の気持ちに素直で、ストレートな言動ができる。

波動が乱れている　↓　自分の感情を自分でコントロールできず、誰かのせいにしたり周りにあたる。

●牡牛座の人

波動がいい　↓　自分のペースに忠実で、落ち着いて目の前のことに取り組める。

波動が乱れている　↓　変化を恐れる。また、目先のコトやモノに踊らされる。

●双子座の人

波動がいい　↓　どんなことでも楽しめる。

波動が乱れている　↓　いろんなことを広げすぎたり、振り回されたりして、自分でも何がなんだかわからなくなる。

●蟹座の人

波動がいい　↓　とても優しく、共感力があり、分け隔《へだ》てなく人を受け入れる。

波動が乱れている　↓　とにかく感情的！　敵味方の区別がはっきりしていて、敵と見なすと、ある意味、やっつける方向に走る！

●獅子座の人

波動がいい　↓　ドラマチックで、素敵に自分を表現できる&無邪気。

波動が乱れている　↓　何かにつけてオーバー表現 or 悲劇のヒロイン。

●乙女座の人

波動がいい　↓　人が喜ぶことが自分の喜びである。

波動が乱れている　↓　なんで自分だけこうなんだ！　と被害妄想が出てくる。

●天秤座の人

波動がいい　↓　周りの人と自分を比較して、いい方向に使っていける。
波動が乱れている　↓　周りの人と自分を比較し、マイナスな気持ちになって落ち込む。

●蠍座の人
波動がいい　↓　自分の好きなことや人との関係性が良好。
波動が乱れている　↓　人に自分の精神状態を振り回される。

●射手座の人
波動がいい　↓　どんなことも楽しみながらチャレンジしていく。
波動が乱れている　↓　向上心がなくなり、途中で投げ出す。

●山羊座の人
波動がいい　↓　自分にとって必要か必要じゃないかがちゃんとわかる。
波動が乱れている　↓　ちっちゃなことを気にして鬱々してくる。

●水瓶座の人

波動がいい　↓　自分らしさの個性が四方八方に広がっていく。

波動が乱れている　↓　考えすぎてノイローゼ気味に。

●魚座の人

波動がいい　↓　素晴らしい感性で、自分も人も癒していく。

波動が乱れている　↓　余計な不安や心配で自分いじめをしてしまう。

第3章

モテすぎて困っちゃう♡愛のエネルギーアート33

この本をつくるにあたり、
さまざまな存在たちから
メッセージをいただきました。
それらをすべて絵とみなさんへの
「お手紙」として紹介していきます。
国内外150か所以上のご神水・聖水を
混ぜ合わせた水を使って描いています。
それでは、眺めているだけでも
モテ運が爆上げされていく、
パワーアートの世界へレッツゴー♡

CHAPTER 3

No. 1

フルーツケーキちゃん

出会うだけで嬉しくなっちゃう
見ているだけで嬉しくなっちゃう
おまけで登場しても嬉しくなっちゃう
そして、また会いたくなっちゃう

なんかワクワク
なんかかわいい
なんか楽しい

そんな、フルーツケーキのような
キュートなお楽しみの存在になりましょう

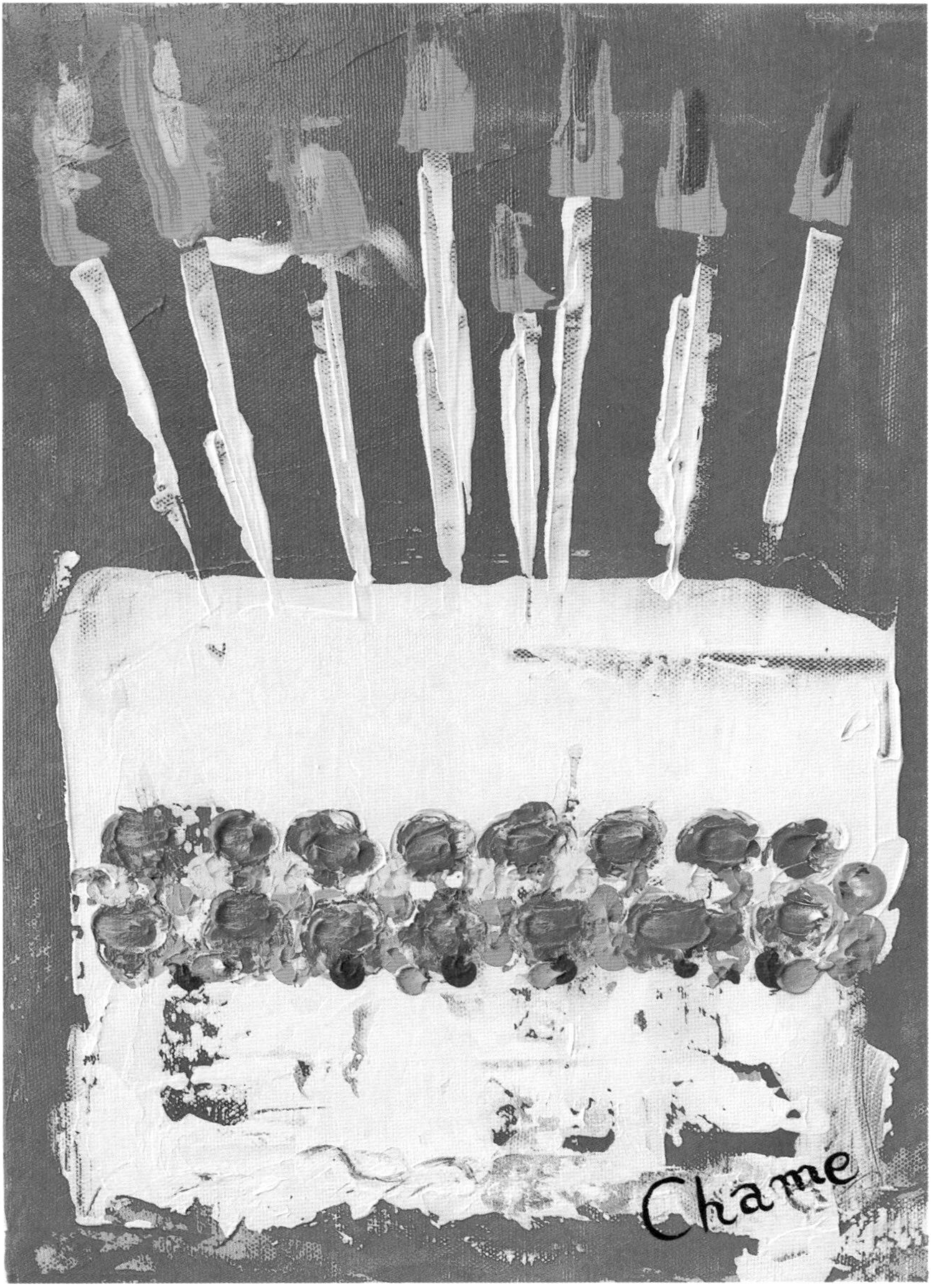
Chame

No. 2

緑のバッグちゃん

私はあなたを引き立てます
そして、あなたも私を引き立ててくれます
どっちだけってことはないんです
あなたも私も、お互いを引き立て合うと、最高の魅力を発揮できるのです

見てトキめく
使いながらトキめく
ウインドウに映ったアイテムを見てトキめく
この3つのポイントが引き立て合っている印《しるし》

あなたがトキめくと、私もトキめくんです
そして、使い勝手がいいこともとっても大事ですからね

Chame

No. 3

青いガネーシャちゃん

私は、青いけれど
意図的にカラーチェンジするんだよ
いちいち、自分がなりたい色に七変化するんだよ
ここだけの話、ピンクガネーシャって、じつは私でもあるからね
どんな色にでもなれるんだよ
これは、私だけでなく、あなたもなれるからね
さあ、今日のカラーを決めてごらん
難しく考える必要はないんだよ
気分がよくなる色でいいんだよ
色のパワーはすさまじいんだよ
色を自在に使いこなせば
すべてがスムーズにいくんだよ

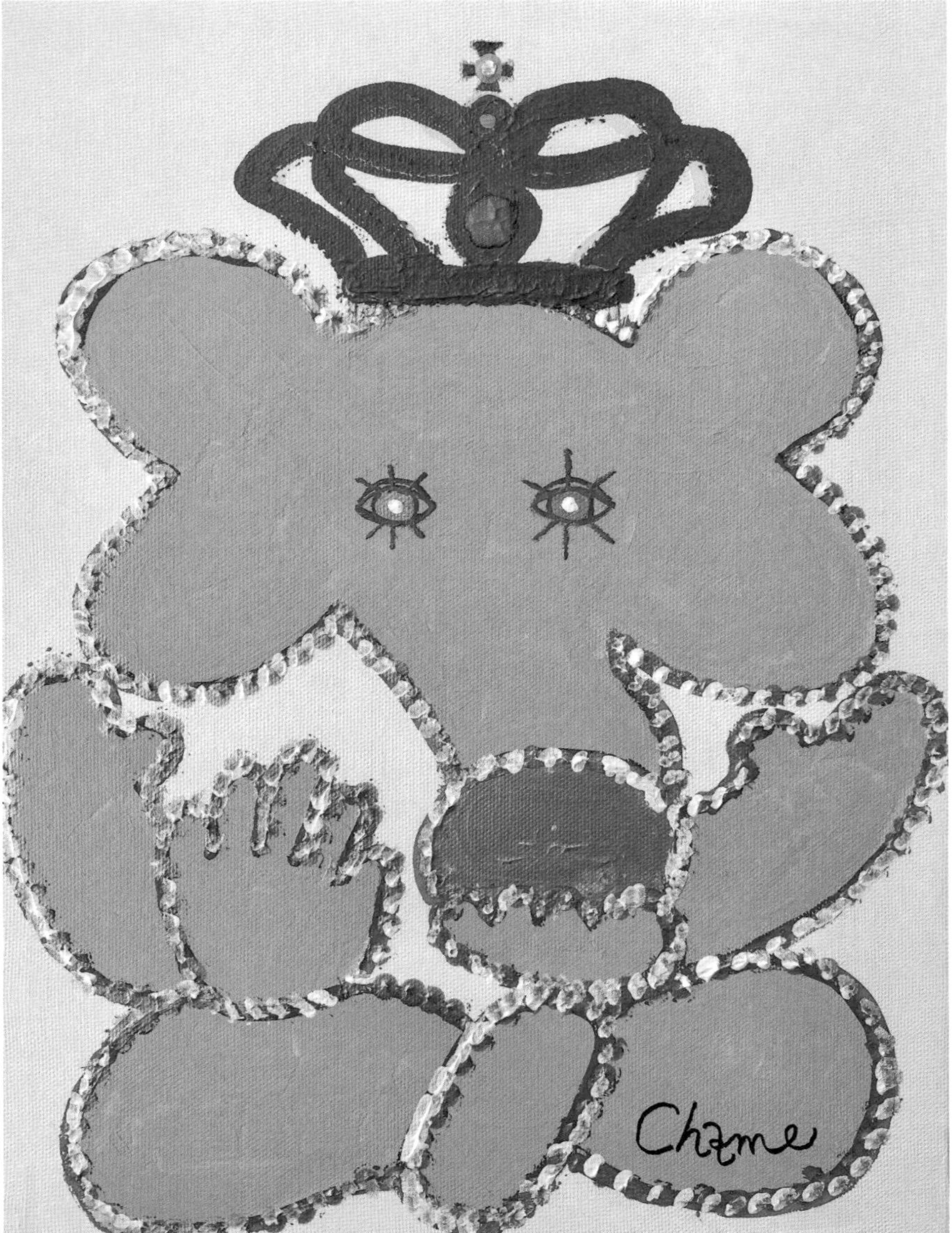
Chame

No. 4

春の富士山

季節は勝手に、私のファッションを変えてくれる
だから、じっとしていても、ファッションリーダー
になれるんだ
春は春のファッション
夏は夏のファッション
秋は秋のファッション

冬は冬のファッションを
堂々と楽しんでいるんだよ
あなたもあなたのファッションを堂々と楽しんでください

ファッションは魔法です
あなたを一瞬で、いろんなあなたに変えてくれるのです
いろんなあなたに出会いたくありませんか？

No. 5

金運大満足の白ヘビ先生

私は、おしゃれでキャわいい人が好き
私は、楽しくて明るい人が好き
私は、清潔感があって、いい香りがする人が好き

そんな人を見つけたら、ついつい懐《なつ》いてしまいます
そして、私がいるところには
もれなく、金運大満足の波がやってきます

Chame

No.6

スキャウトマンの白ヘビ先生

私は、弁財天《べんざいてん》さんのお使い
弁財天さんは、あなたの才能を開花させて
より美しく、より魅力的に、より人気者に、よりお金が巡るように
サポートしてくださります
そして、私は、あなたを見つけて、弁財天さんに報告するスキャウトマン
どんな人を探しているかというと……
自分のことが好きな人！
もしも、あなたがいま、自分のことが好きならば
「弁財天さんサポートお願いします！」
と唱《とな》えると、サポートが開始されます
もしも、あなたがいま、自分のことを好きじゃなければ
好きになってから、唱えてね！

Chame

No.7

プライドが高いピンクのブラウスちゃん

ふわっと揺れるシルクのブラウスはいかが?
私はピンクだけど、あなたが好きな色でいいのよ!
リボンがあるとさらにいいわね

私は、あなたをお上品でやわらかく
そして華麗な波動で包むことができるわ

上にジャケットを羽織っても、素敵になるわよ
あなたには一枚持っていて欲しいわ
なぜなら、恋愛運、結婚運、
そして、全体的な引き寄せ運も上げてくれるからよ!

Chame

No. 8

あなたにちょうどいい王冠《おうきゃん》

あなたにちょうどいい王冠《おうきゃん》を用意しました

あなたが、愚痴、泣き言、悪口を
言わないで過ごしていけば
バージョンアップした王冠をご用意しましょう

同じ王冠の人たちが出会うようになっています
もっと素敵な人に出会いたい場合は
あなたがもっと
素敵なあなたになってくださいね

Chame

No. 9

ピンクのバッグちゃん

私は、高かった割に、あまり荷物が入らないの
お財布と、スマホと、充電器と、リップクリームくらいかな
だから、あなたは、私をあまり活用してくれないのよね
ほとんど、クローゼットの中に眠っているわ

いい!?
私たちだって、あなたに愛用されてナンボなの。使われたいの
だから、大切にしまっておかないで
いろんなところに連れて行って欲しいのよ
そうしたら、私は、あなたをいろんな素敵な人と出会わせたり
いろんな素敵な場所に導いたり
いろんな不思議な力を使うことができるのよ

Chamo

No. 10

赤いトートバッグちゃん

私はお口が大きいから、たくさんの物が入ります
だからといって、なんでも口に放り込んでもらっては
胃もたれしちゃうから、困るのよ

あなたの大切なもの&お気に入りのもの
あなたがよく使うもの
誰かを喜ばせるもの
この3つ限定なのよ

そうすると、とっても気分がよくなって、私の波動が上がって
あなたの波動も相乗効果で上がるのよ
そうすると、あなたにとって、いいことがたくさん起きるようになるわ

Chame

No. 11

気分がよくなる靴《くつ》さん

すべての運において、靴は大事です

あなたは、靴を何足持っていますか？
多ければいいということではないですよ

気分がよくなったり
履き心地がいい靴と
微妙な気分になる靴
どっちのほうが多いですか？

その比重が、あなたの運を決定するからね

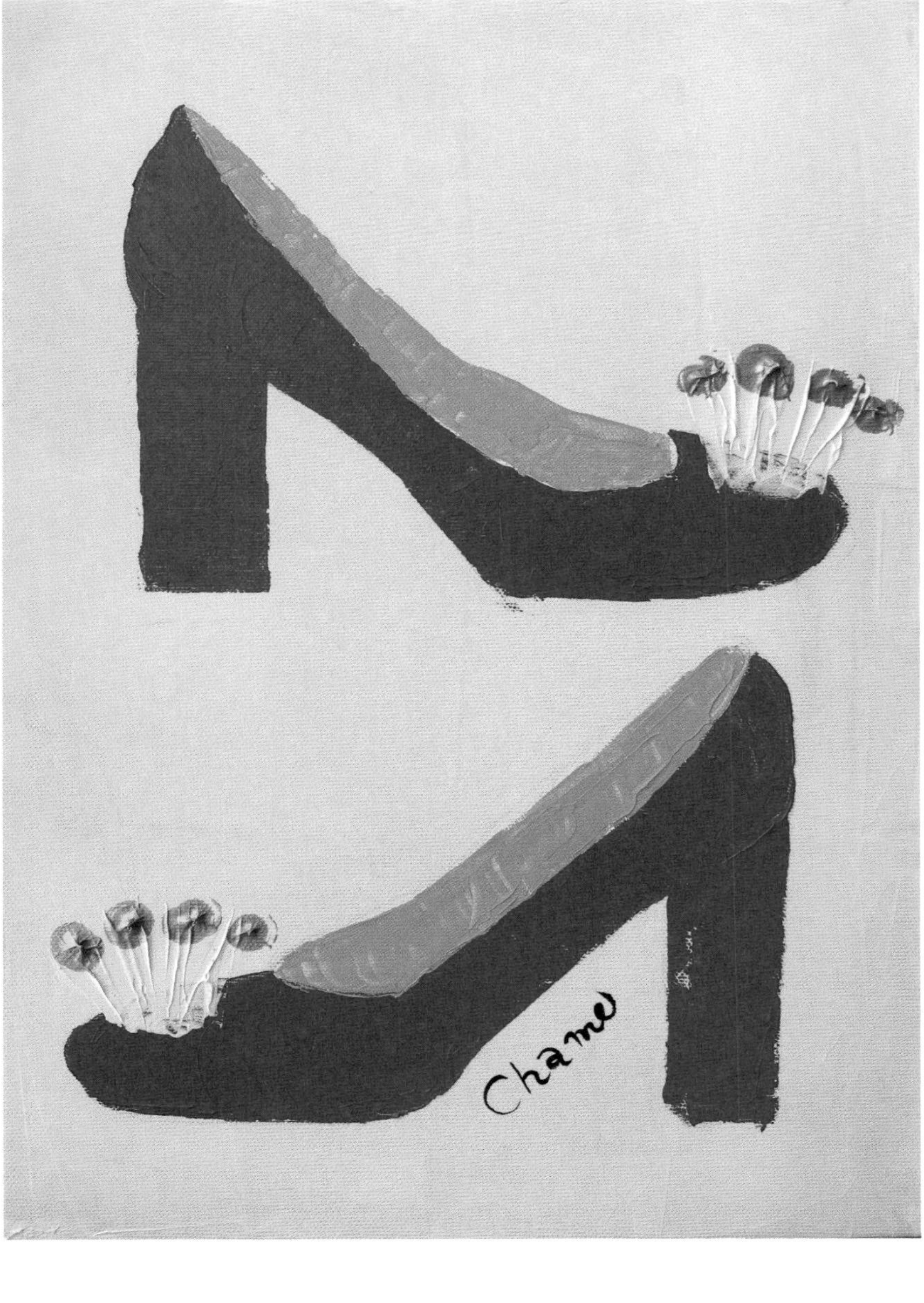
Chame

No. 12

王冠《おうきゃん》の持ち主

さあ、あなたは今から
この王冠の持ち主を想像して
どんな人かをイメージしたり
述べたりしてみましょう

さあ、述べ終わりましたか？

その王冠の持ち主こそが
あなたなのです

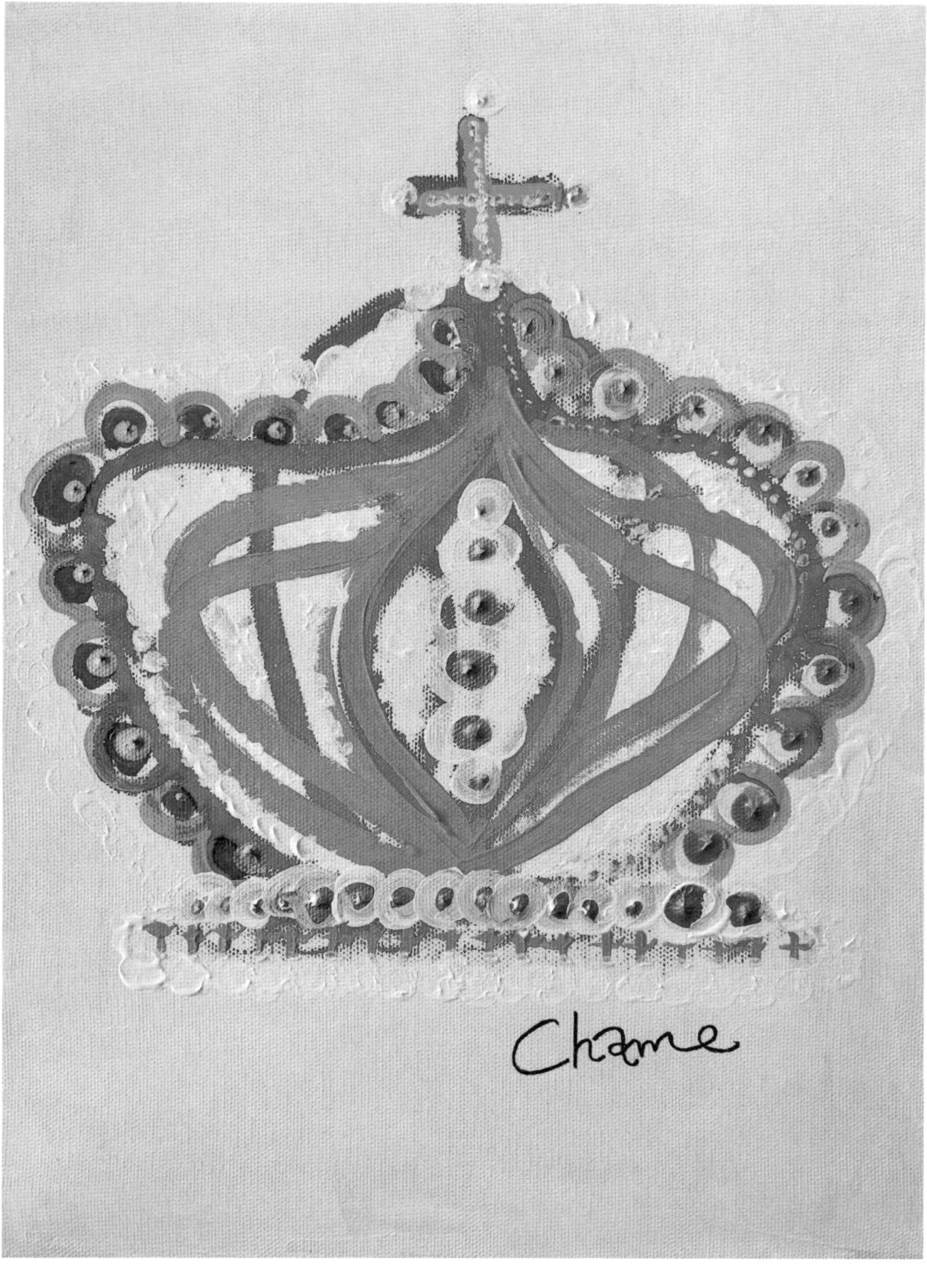
Chame

No. 13

幸せの花道をつくる赤いブーツ

私は、幸せの花道をつくる赤いブーツ
歩くたびに花が咲く
歩けば歩くほど花が咲く
後ろを振り返ると、花道ができている
みんなを幸せにしていく赤いブーツ
みんなには見えない赤いブーツ

あなたも私を履くことができますよ
幸せな言葉を発して歩き
幸せな笑顔を振りまいて歩き
幸せな気持ちで歩く
ただそれだけで

Chame

No.14

フレブルのシェフくん

ボクはフレンチブルドックで、名前はシェフ
２０２０年12月12日生まれだよ

ボクは、完全に今を生きて、今を楽しんでいる
だから、悩まないんだよね

眠っているときも、遊んでいるときも
ご飯を食べているときも
いちいち楽しい、いちいち幸せ、いちいち満足

今日のシェフの気まぐれデザートは
たまごボーロだよ！

Chame

No.15

白ヘビ龍神《りゅうじん》

もし君が、信じてくれたら
夢は夢じゃなくなっていくんだ

怖がっていたら
消えちゃうよ

君が見るすべて
僕とも出会えない

By映画「ネバーエンディング・ストーリー」

Chame

No. 16 全宇宙にたったひとつのあなたのお花

あなたのことを、私に向かって話してごらん
嬉しいことも、将来の希望も、悲しいことも
包み隠さず、すべて話してごらん

全部聞いてあげるから
全部受け入れてあげるから

そして、私が
あなたのお花を咲かせましょう

全宇宙にたったひとつの
美しすぎるあなたのお花を

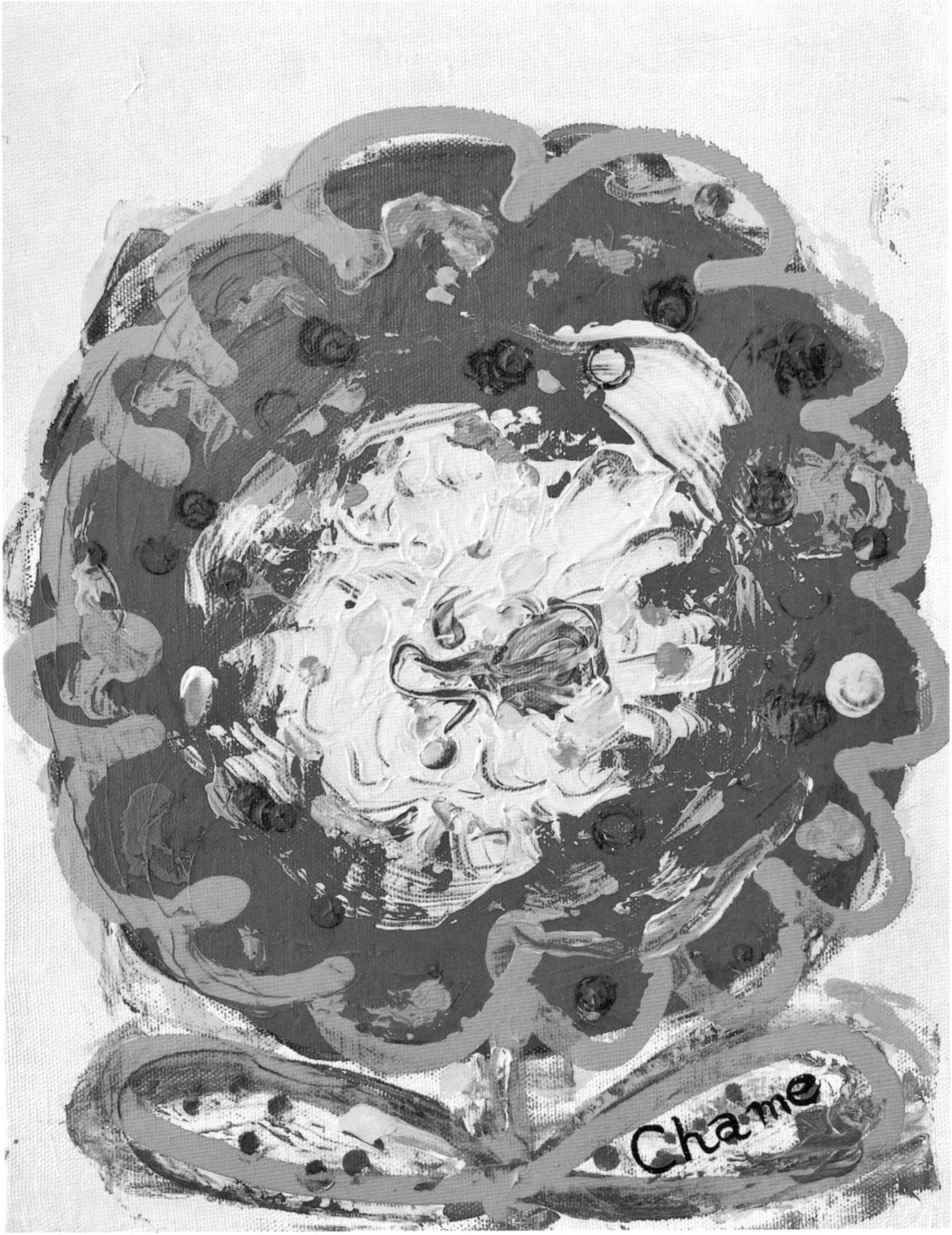
Chame

No. 17

波動調整をしてくれるお花

あなたは、ただ、私を眺《なが》めてください

深呼吸をしながら、リラックスして
しばらく、私を見ていてください
私は、あなたのチャクラに向かって
愛とありがとうのエネルギーを送り
波動を調整させていただきます

いつでも私を見に来てください

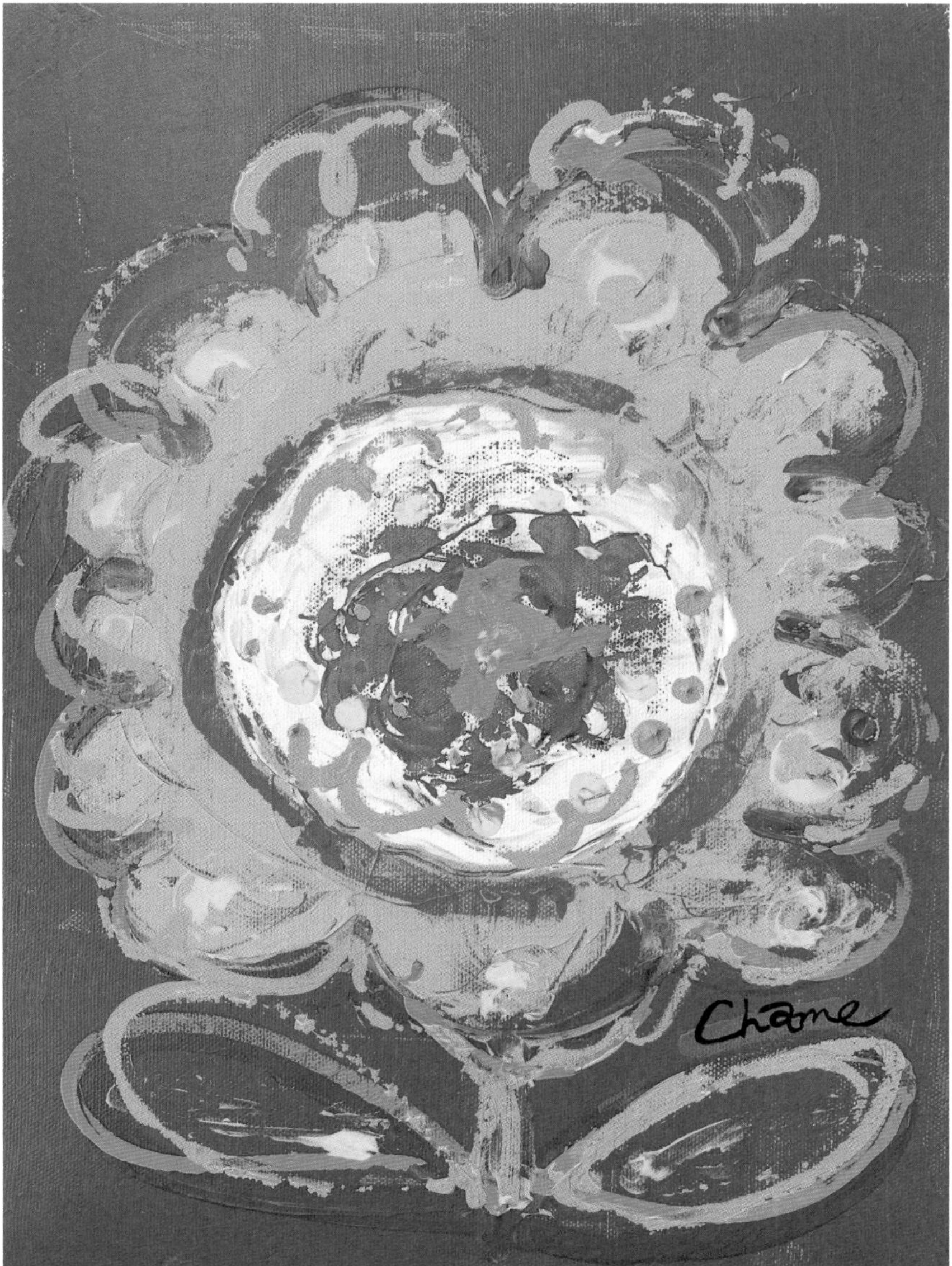
Chame

No.18 シェフ&マスター

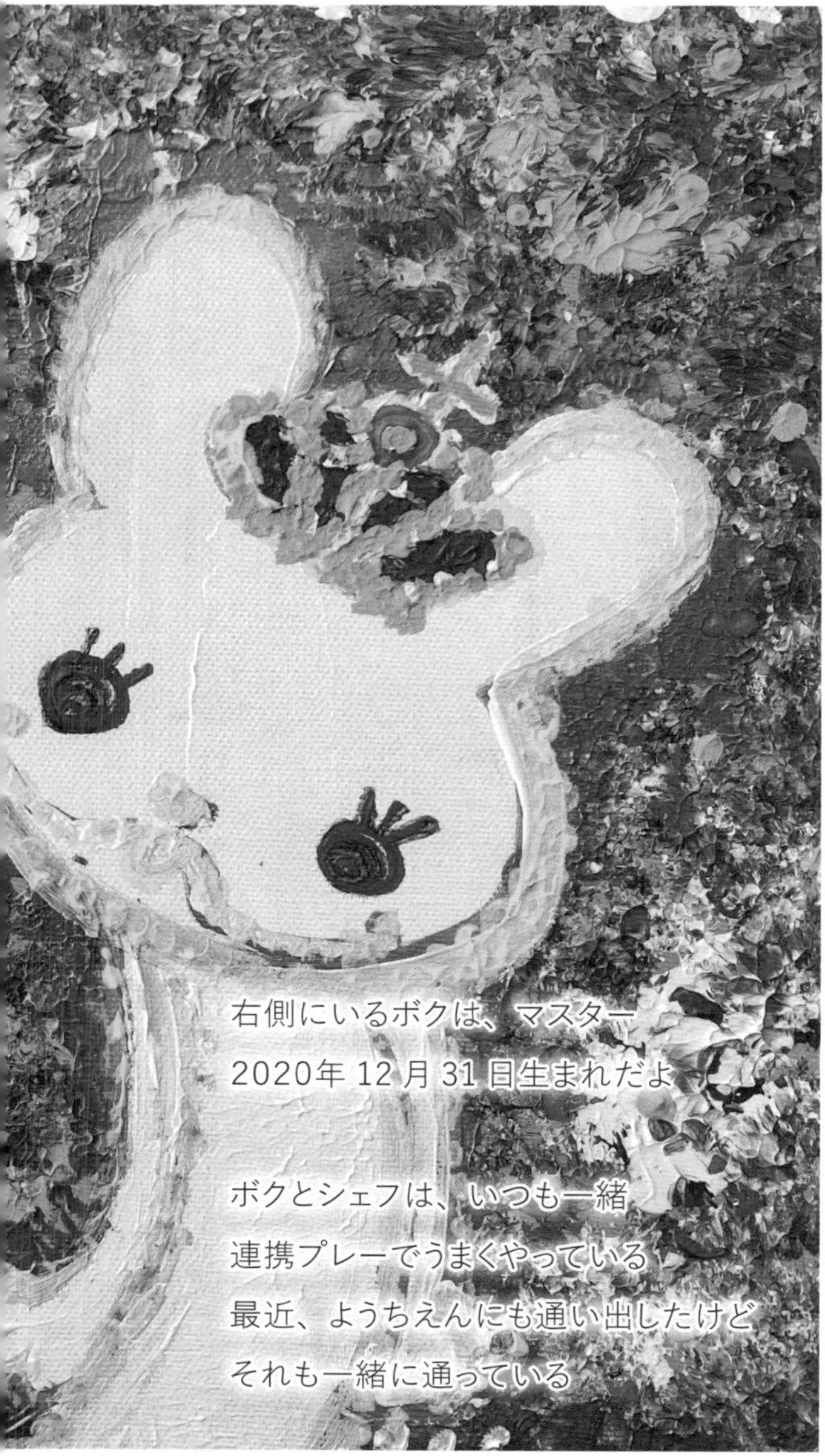

右側にいるボクは、マスター
2020年 12月 31日生まれだよ

ボクとシェフは、いつも一緒
連携プレーでうまくやっている
最近、ようちえんにも通い出したけど
それも一緒に通っている

遊びたくてもシェフが寝ているときは
ボクは、シェフの上で寝ることにしている
シェフが起きたら、いつでも遊べるように

そして、ボクは姿勢がいいから
背伸びをすると、遠くまで見ることができる

なので、そろそろご飯かどうかをチェックして
シェフに報告しているんだ

No.19

誰かのバッグちゃん

持ちものってさ、なんとな〜く、誰のものかってわかるよね
持ち主の波動が乗っているからね
持ち主が決まると、われわれは、その持ち主と波動共鳴するんだ

それでね、ぜひ、名前をつけて欲しいんだ。犬や猫に名前をつけるように
すると魔法がかかって、われわれは、心を持つことができるようになるんだ
そして、持ち主の力になれる

例えばどこかで、われわれを失くしたとしても
帰ってくるようになるんだよ
私は、誰かのバッグちゃんだけどね
〝誰なのか〟は、内緒にしておくね

Chame

No.20

宇宙につながるトートちゃん

私の中をのぞいてごらん
イメージでいいから
宇宙につながっているよ
あなたに必要なものは、どんどん私の中に向かって
発注してごらん
あなたのもとにやってくるよ

発注の仕方は、具体的にわかりやすくよろしくね
レストランで店員さんに注文するようにしていいからね
それでは、ご注文をくり返させていただきます
「イケメンの彼氏がひとりに、ハイスペック添え」
でよろしいでしょうか？

Chama

No. 21

アメノウズメちゃん

とにかくあなたをさらけ出しなさい
あなたが隠したいと思っているところこそが最大の魅力なのよ
光り輝く星のようになるわ
あなたは、あなたらしく、ただ光っていればいいだけ
簡単でしょ？

全部見せちゃったほうが、愛されるし、人気が出るし
みんながあなたに会いにくるようになるわ
だって、光っているから目立つもの

そして、みんなもあなたに感化されて
自分たちの光も放ちたくなるのよ

Chame

No. 22

すべてを浄化する白いお花

しょうがないな～

愚痴、泣き言、聞いてあげる！
私に全部、出しきっていいよ！
私が全部、浄化してあげるから

ただし、ほかで言わないように
ここで、全部出しちゃいな

きれいさっぱり
クリーンにしてあげるから

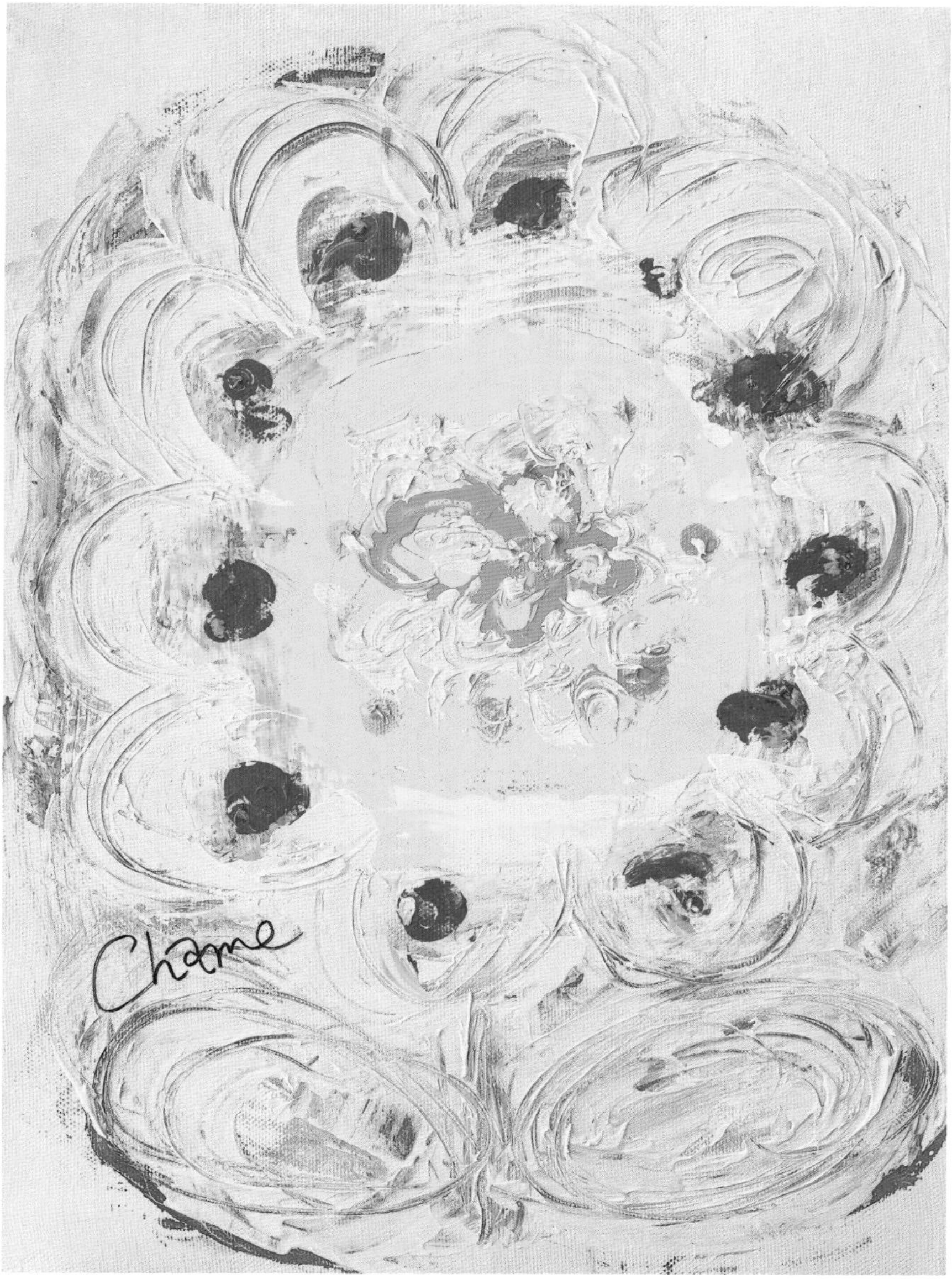
Charme

No. 23

フリフリスカートちゃん

動きがあって揺れるもの
明るいカラーを取り入れたもの
ウェーブがかった形

この3点セットは
モテモテになる秘密道具

ファッションにぜひ取り入れて！

あなたが動くたびに
揺れると最高ですよ

Chame

No.24 コノハナサクヤヒメちゃん

自分で自分のことを一日一回は褒めてあげて
ちょっとしたことでもいいの
あなたの心にお花に、毎日、愛を与えてあげることが
あなたの魅力アップには欠かせないの
人は、魅力があると、なんでも引き寄せることができるのよ
人も、お金も、モノも、状況も
特にないのであれば、
「今日もかわいいね！」
これでOK
だって、あなたはかわいいもの
ものすごく、果てしなく、最強に、心底
ス・テ・キ

Chame

No. 25

龍神であり友人

私は、あなたとお友だちになりたいのです
だからいつでも待っています

まずは、龍神が祀《まつ》られている神社に参拝にきてください
友人になりたい等、お伝えいただければ
私は、喜んで友だちになりますよ

友だちになったら、できる限りの協力はしたいと思っています
なので、どんどん頼ってください
お願いされないと、動きにくいものですから

Chame

No.26

縁結び龍神

私は、あなたの縁を切ったり
つないだりすることは、お安いご用でございます

ですから、あなたがどうしたいのかを
明確に教えてください

そのうえで
完全にぶった斬ったほうがいいのか
ちょこっと緩《ゆる》めたほうがいいのか
つなぎ直したほうがいいのか
きっちりと調整しますよ

あとはお任せください

Chane

No. 27

ハートチャクラを起動させるお花

私は、あなたのハートチャクラにアクセスするフラワー

どんな人と出逢いたいのか
どんな恋愛がしたいのか
どんな結婚をしたいのか
パートナーとどんな感じになりたいのか

リアルにイメージしながら、私に息を吹きかけてください
そうすると、私は
あなたのハートチャクラを起動させ
愛の現実化のサポートを始めます

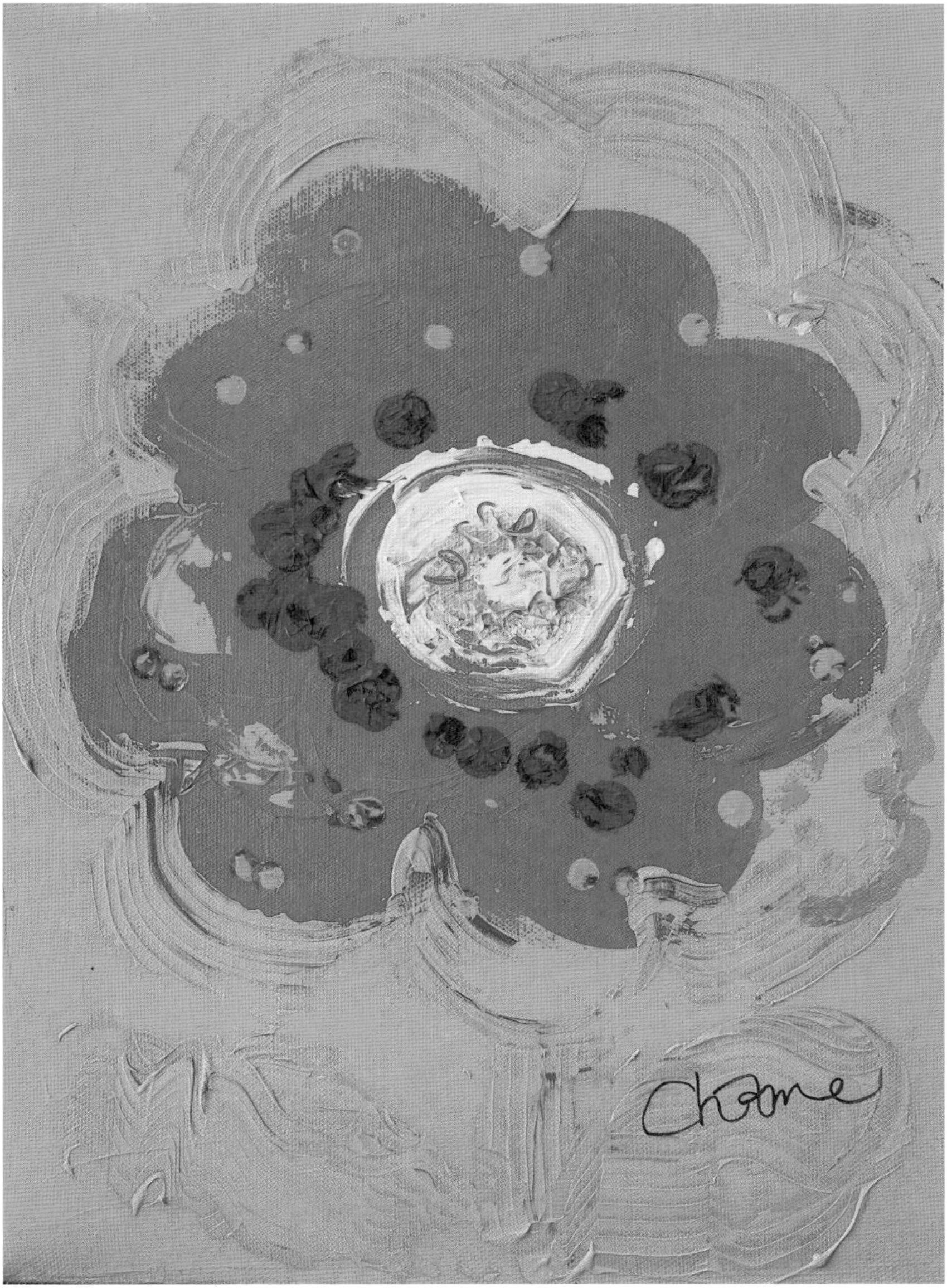
Chiome

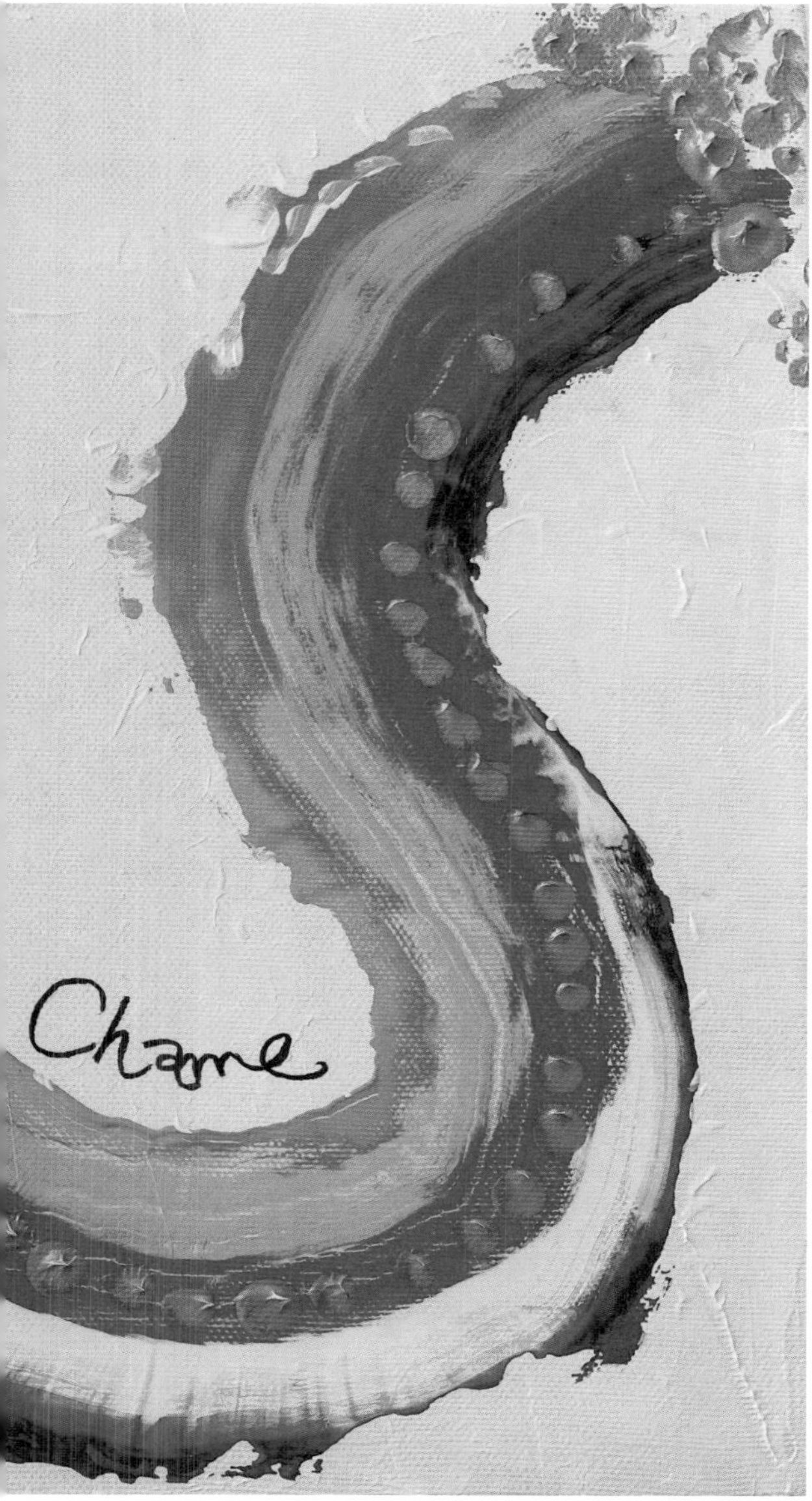

No.28

金と虹色の打ち出の小槌《こづち》

私は、人のために振ると
いいことがある打ち出の小槌
だから、私を振るときは
自分のことを願うのではなく
人のことを願ってください
誰かを幸せにすることを

さあ、ひと振りしてみてください
○○さんの願いを叶えることに集中し
祈りを込めて
愛のあるひと振りができましたか?
それができたら、あなたにいいことが訪れます

No.29

モテモテ富士山

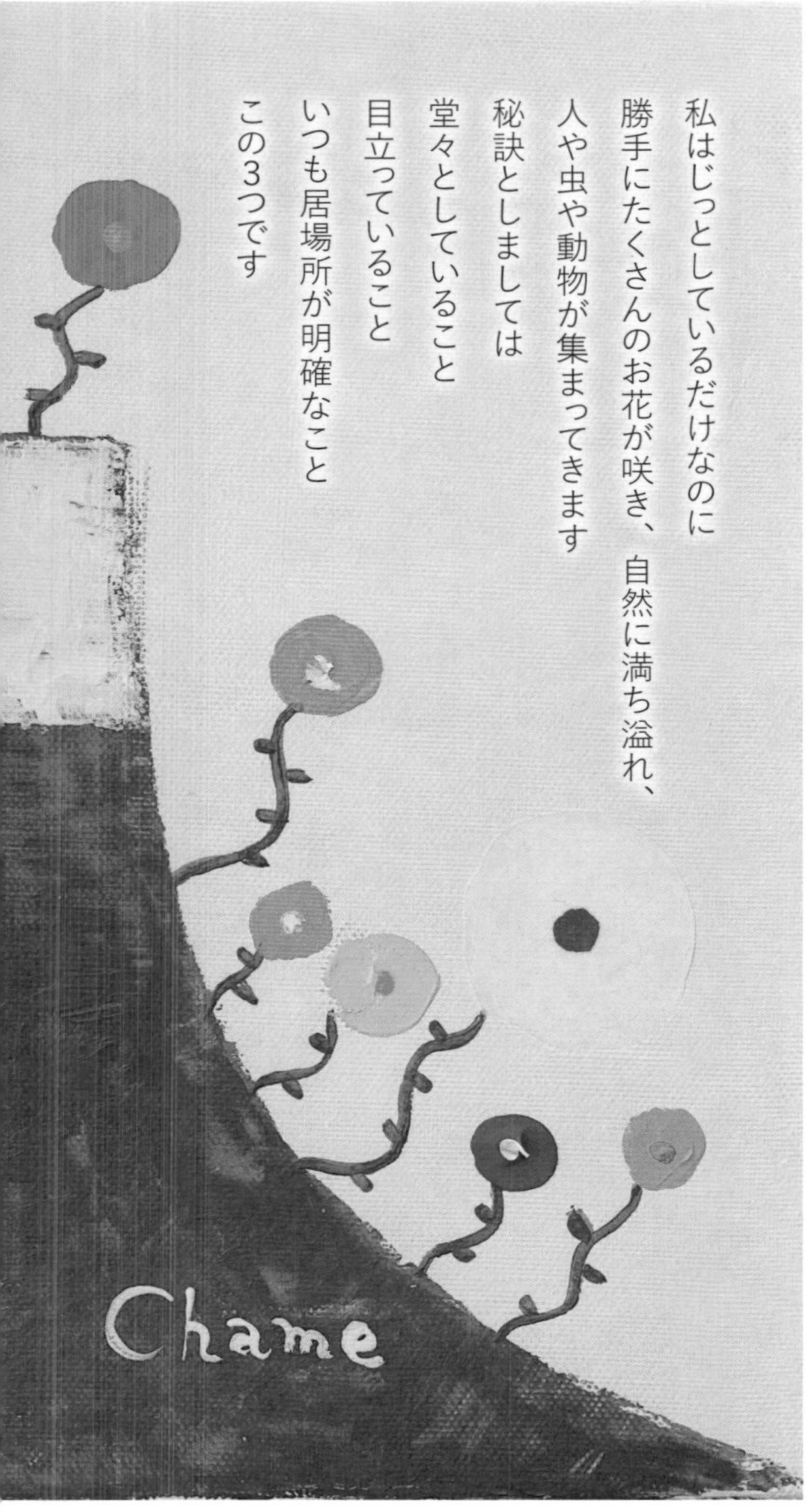

私はじっとしているだけなのに
勝手にたくさんのお花が咲き、自然に満ち溢れ、
人や虫や動物が集まってきます
秘訣としましては
堂々としていること
目立っていること
いつも居場所が明確なこと
この3つです

あなたは、この3つを
実行できていますか？
堂々としていますか？
アピールしていますか？
居場所をみんなに伝えていますか？
ひとつでもいいから、やってみてください
これであなたは、モテモテ度アップ！

No. 30

バッグの国のバッグちゃん

あなたは、自分と相性のいいバッグを知っていますか？
形、色、大きさ
カチッとしている？
柔らかい感じ？
手持ち？
ショルダー？

人によって、相性がよくて、似合うバッグは異なります
いろんなバッグを手に取って、鏡を見て
どんなバッグが似合うのかを知っておくと楽しいですよ

バッグの国のバッグちゃんより

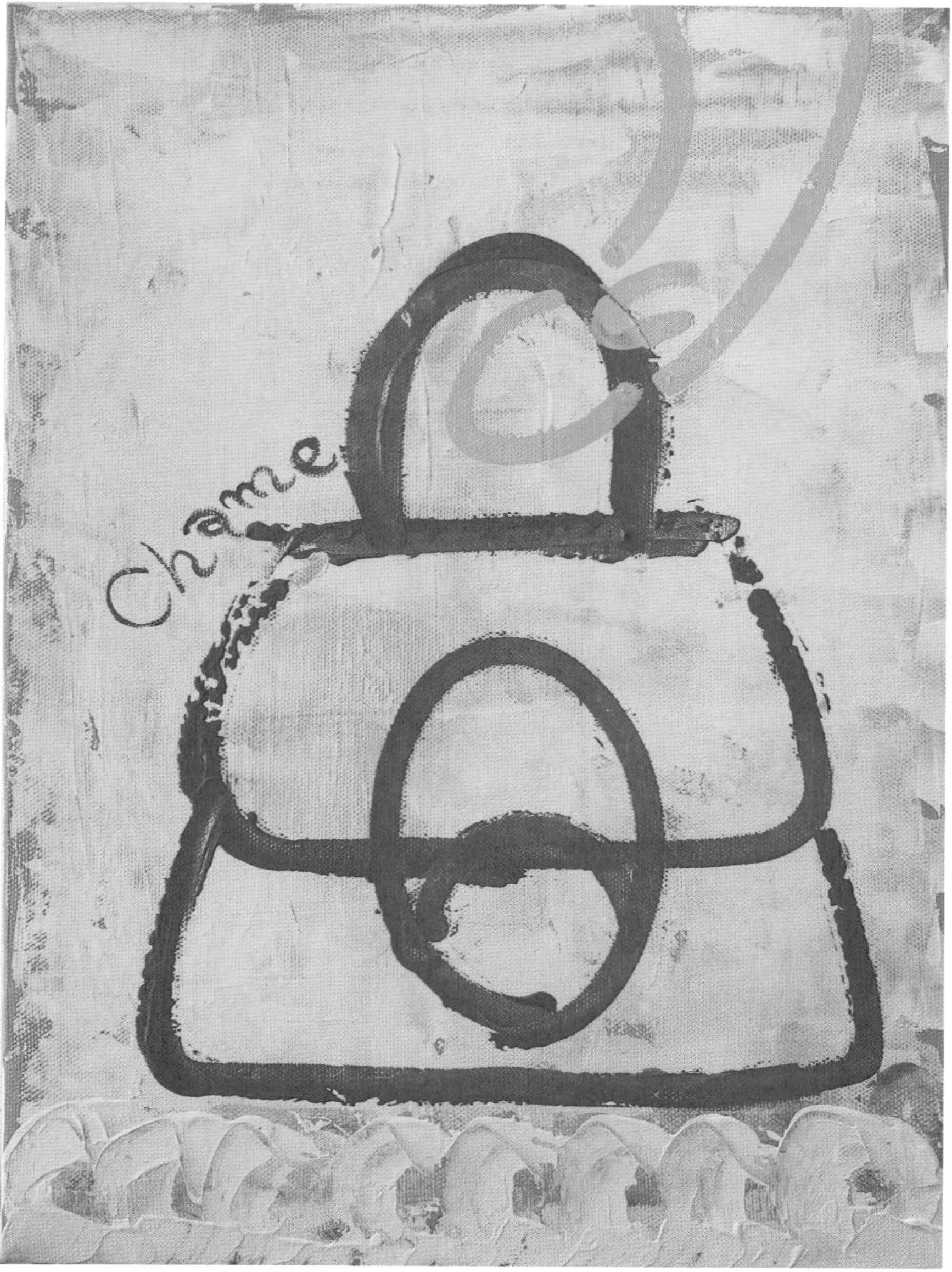
Chame

No. 31

ベストタイミングドレスちゃん

私はあなたと最高なタイミングで出会うドレスちゃんです
あなたが素敵なお食事会に行くときに
あなたにスポットライトが当たるときに
あなたの人生の切り替えのときに

あなたに着てもらうために
ばっちりのタイミングで、目の前に登場します

そもそも、あなたに必要な、人、モノ、コト、状況、すべては
あなたにとっての、最高なタイミングで出会い
そして、つながることになっています
だから、安心して、今をエンジョイ！

Chame

No.32

七福神の秘訣

どう⁉
私たち七福神、みんな個性溢れ
ているでしょ?
みんなが違うアイテムを持って
違う雰囲気を醸《かも》し出している
だけど、みんなで集まると
一体化するんです
あなたも、もっと

あなたの個性を生かしてね
あなたらしいアイテムを持ち
あなたらしいお洋服を着て
あなたらしい声、表情
香り、雰囲気
そしてオーラ
あなたが、あなたでいるならば
私たちのように、自然体かつ
楽しみながら
人を幸せにしていくことが
できるでしょう

そして、もれなく
周りからモテますし
豊かにもなっていきます

No. 33

違う選択をする靴

私は、あなたにいつもと違う選択をさせる靴！
私を履いて出かけると、あなたはいつもと違うことをしたくなります

いつもと違う道を歩き
いつもとは違う駅で下車し
いつも入らないお店に入り
いつも注文しないメニューを注文し
いつも連絡しない人に連絡する
いつもと違うことを選択すれば、いつもと違う経験ができます

ご興味があるなら、私を履いて出かけてください。イメージでＯＫ！
あなたにいつもと違う未来を提供させていただきます

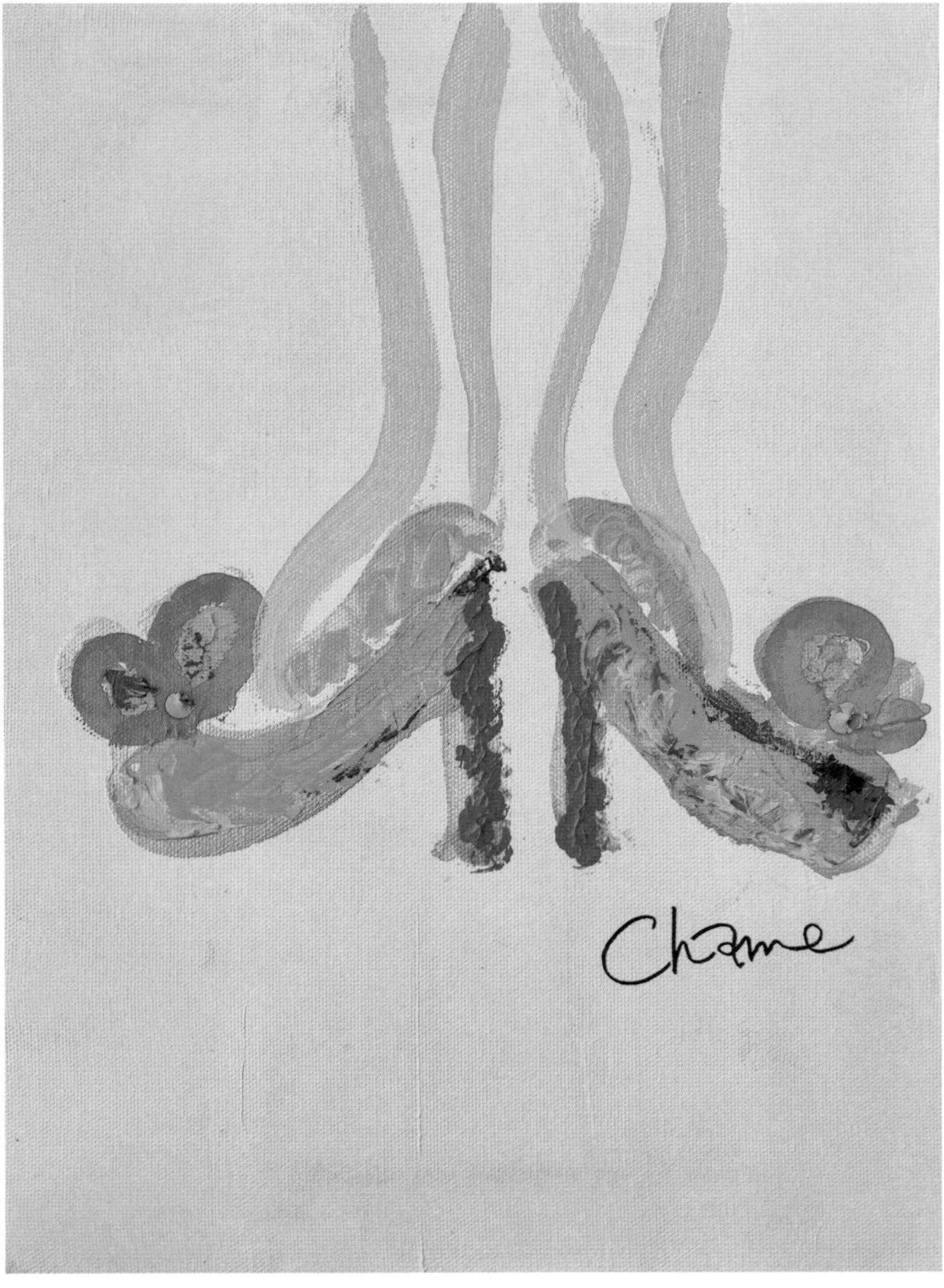
Chame

天国に旅立ったおおぽち先生

人生はドライブみたいなものだよ
一緒に旅する仲間との出会い
一緒に旅する仲間との別れ
出会いは心が躍り、別れはとても切ない
そして
ありがとうの気持ちでいっぱいになる

いつも一緒な気がする
今までも
これからも
ずっと

でもね
いなくなるわけではないんだよね
心で思えば
いつでもいるし
心で思えば
いつでもつながることができる

今までも
これからも
ずっと

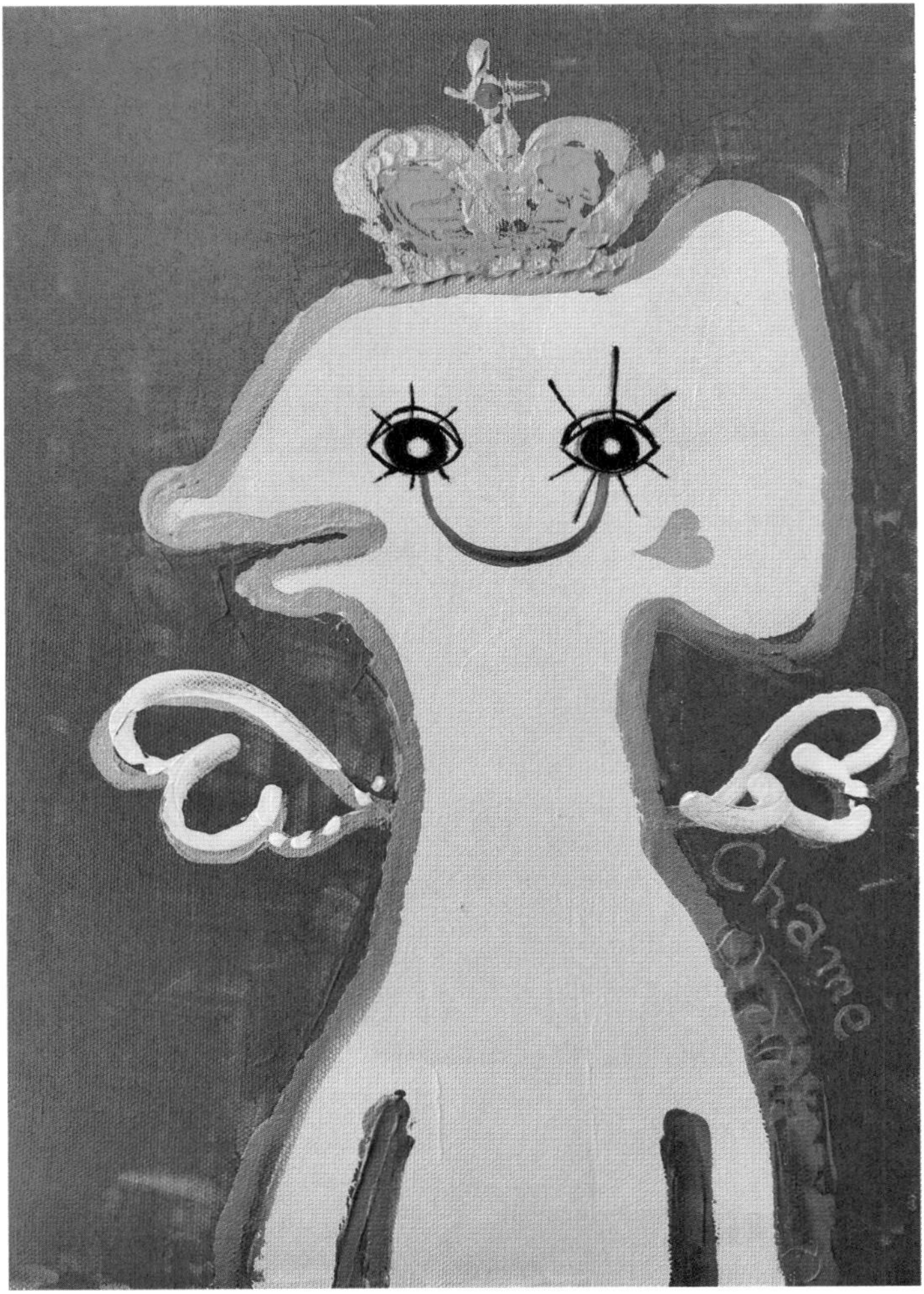
Charme

おわりに

開運の絵がてんこ盛りで、絵本的な要素も多い、日本文芸社さんのシリーズ第一弾『神さまとつながる方法』、第二弾『お金が増えすぎちゃう本』、そして第三弾がこの『モテすぎちゃう本』となります。

私は、画家でもあるので、とても楽しく、絵を描かせていただきました。

不思議なもので、なんにも考えずに、ただキャンバスに色をのせていくと、いつの間にか、ひとつの作品になっていきます。

逆に、考えて描こうとすると、筆はまったく進みません。

だから、絵は、できるだけ、「無」の状態で描くことにしています。

あなたは、本書の中で、特に気になる絵はあったでしょうか？

もし、あったのならば、その絵からのメッセージは、今のあなたにとって大切なメッセージです。

切り取って持ち歩いたり、お部屋の壁に貼って眺めたりしていると、あなたの魅力は、不思議と、どんどんアップしていくでしょう。

そして、何度も、この本の絵を見続けていくと、気になる絵が変わってきたりもするので面白いですよ！　そのときどきで、あなたに必要なメッセージが違うということです。

ちなみに、今の私のお気に入りの作品は、

ベストタイミングドレスちゃん
すべてを浄化する白いお花
フリフリスカートちゃん
フレブルのシェフくん
縁結び龍神

の5点です。
お気に入りの絵の中から、1、2枚は、1m×1mの大きなキャンバスに、ちょっとニュアンスを変えて描き直し、キャメレオン竹田のアトリエである、〝ギャトリエ〟に飾りたいと思います。

それでは、これから、ますますモテすぎちゃうあなたに――

キャン杯!

キャメレオン竹田

キャメレオン竹田（きゃめれおん・たけだ）

作家、画家、デザイナー、占星術研究家、株式会社トウメイ人間製作所 代表取締役。

「自分の波動を整えて、開運していくコツ」を日々、研究し、国内外のパワースポット・聖地を巡って、受信したメッセージを伝えることがライフワーク。

会員制オンラインサロン「神さまサロン」や「タロット占い師になる学校」、「占星術師になる学校」、「手相占い師になる学校」を主宰。ANA 公式サイト「ANA Travel&Life」や週刊女性セブン、女性誌 JELLY、ワン・パブリッシング「FYTTE Web」などで占い連載多数。Twitter や Instagram、YouTube（キャメチューブ）では、波動がよくなるメッセージや動画を発信中。

著書 80 冊以上。『神さまとつながる方法』『お金が増えすぎちゃう本』『宇宙に注文！　超開運ノート』（以上、日本文芸社）、『神さまとの直通電話』『神さまの家庭訪問』『神さまからの急速充電』『神さまとお金とわたし』『神さまと前祝い』（以上、三笠書房《王様文庫》）、『人生を自由自在に楽しむ本』『あなたの人生がラクにうまくいく本』（以上、だいわ文庫）など多数。

絵・イラスト・写真（本文）　キャメレオン竹田
写真（カバー）　YOKO MIYAZAKI
デザイン・DTP　川畑サユリ（META+MANIERA）
編集　鈴木啓子

モテすぎちゃう本《ほん》

2021 年 7 月 1 日　第 1 刷発行

著　者　キャメレオン竹田《たけだ》
発行者　吉田芳史
印刷所　株式会社廣済堂
製本所　株式会社廣済堂
発行所　株式会社日本文芸社
〒 135-0001 東京都江東区毛利 2-10-18 OCM ビル
TEL.03-5638-1660（代表）
URL　https://www.nihonbungeisha.co.jp/

Printed in Japan 112210621-112210621 Ⓝ 01（310067）

ISBN978-4-537-21905-0

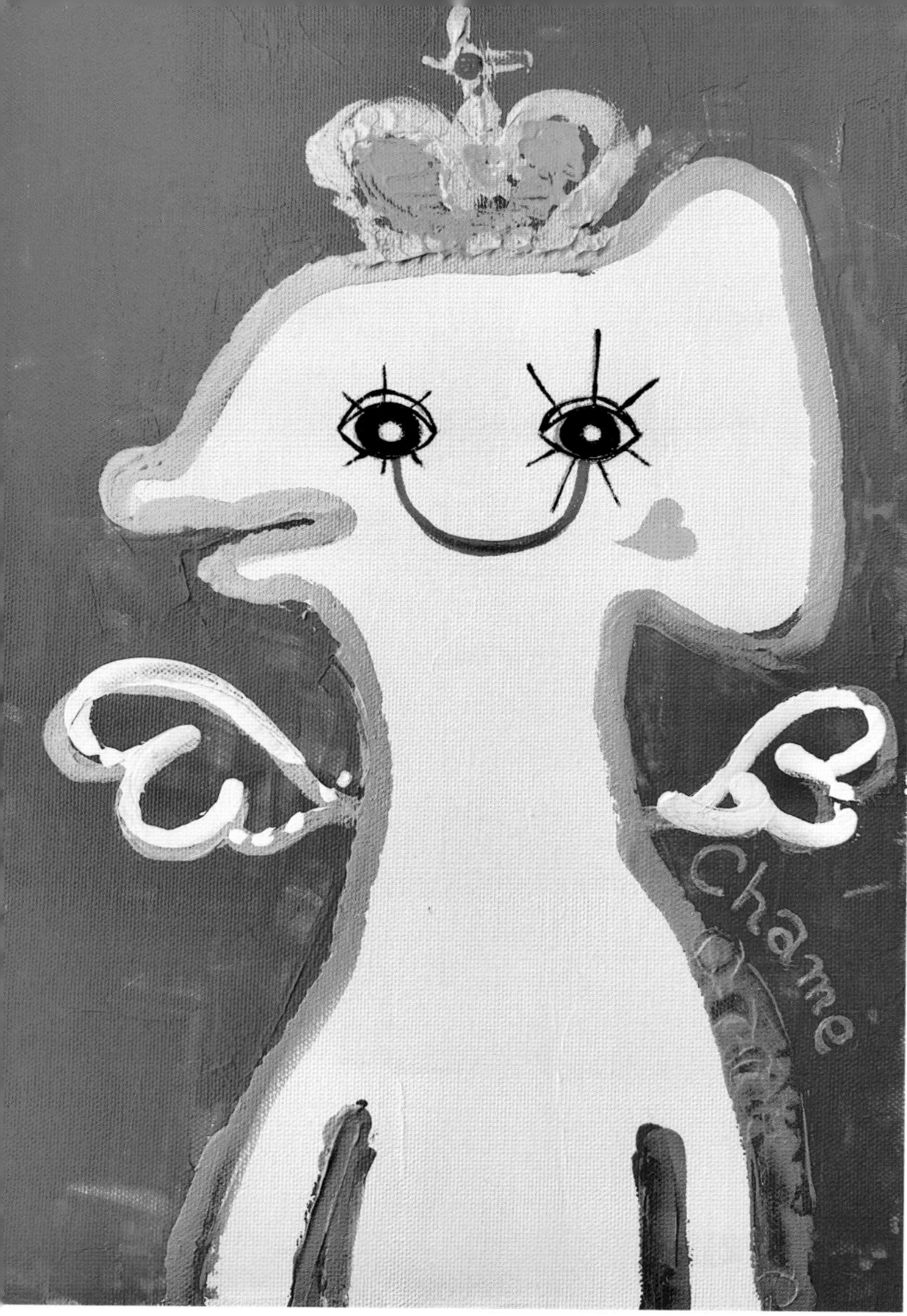

みんなからモテモテだったおおぽち先生。
みなさんにも愛溢れる時間が多く訪れますように♡

POST CARD

STAMP